THE TRUE SCIENCE OF “DIET”

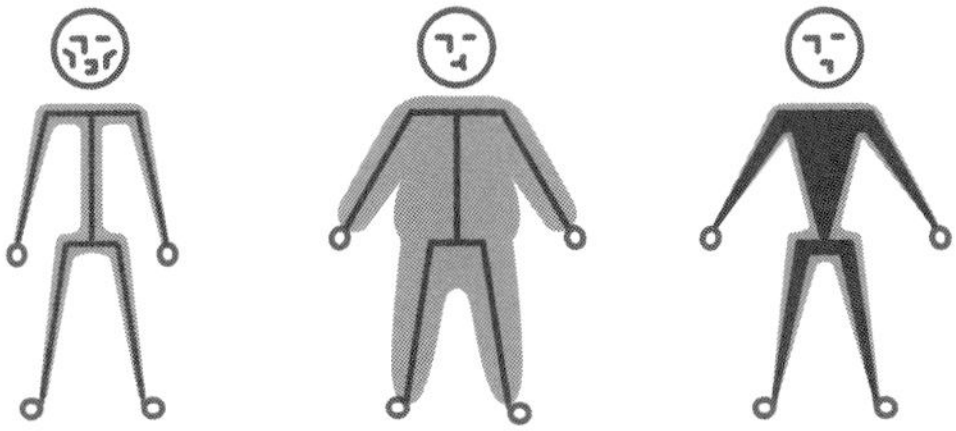

太らない教室

正しいダイエットを知るための“やさしい科学”

東京大学教授・理学博士
石井直方

情報センター出版局

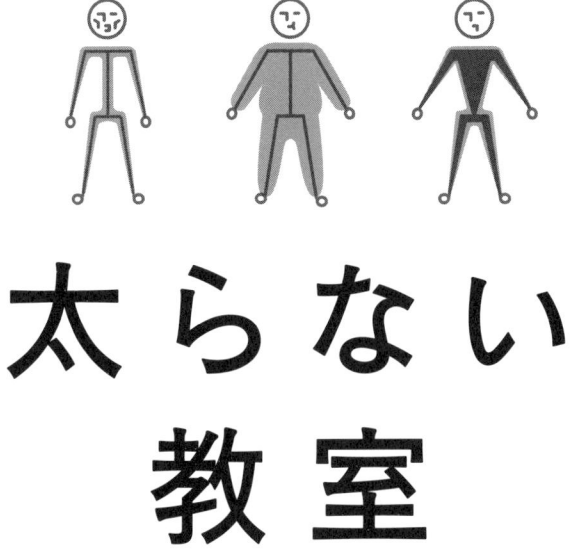

太らない教室・事前チェックテスト20

あなたは確かなダイエットの知識を持っていますか？
（正しいと思うものに☑を入れてください）

1	☐	太っている人ほど、代謝が低い？
2	☐	日本人は太りにくい背景を持っている？
3	☐	40歳を過ぎてはじめて太りやすい体になる？
4	☐	汗をかけば、脂肪もそれなりに落ちる？
5	☐	皮下脂肪のほうが、内臓脂肪より落ちやすい？
6	☐	適度な食事制限ダイエットは、代謝を高める？
7	☐	筋肉は体内で２番目のエネルギー消費者？
8	☐	体重が同じなら、一日に摂るべきカロリーは基本的に変わらない？
9	☐	アドレナリンは体脂肪の合成を促進させる？
10	☐	できれば食事は一日２回に抑えたほうがよい？
11	☐	脂質を好んで食べるのは、体の要求に反した現代人特有の嗜好？
12	☐	脳の最大のエネルギー源はビタミンとタンパク質？
13	☐	摂取したタンパク質の大部分は筋肉になる？
14	☐	強い運動では脂質がたくさん使われる？
15	☐	運動は休み休みより、連続したほうが体脂肪を消費する？
16	☐	代謝を高める筋トレは、できれば毎日したほうがよい？
17	☐	有酸素運動のあとに筋トレをおこなうのがベスト？
18	☐	サプリメントは運動前の二時間以内に摂取するとよい？
19	☐	お腹は体の中でいちばんやせにくい？
20	☐	週にマイナス５キロのダイエットもじゅうぶん可能？

←判定結果は次のページに……

判定結果

✔(チェック)の数	あなたの潜在ダイエット力	評価
0～3個	90点	小さなトライでスリムになれます
4～6個	80点	あとは正しい知識と意志の力だけ
7～9個	70点	誤った情報を入れ替えることから
10～12個	60点	今のままではリバウンド必至！
13～15個	45点	相当本気で勉強しましょう！
16個以上	20点	諦めなければ一発逆転できます！

モノを買うにはお金が要り、
食事をするには箸が要るのと同様に、
太らない体質になるには、
人体の正しい理解が必要です。

太らない教室

THE TRUE SCIENCE OF “DIET”

装丁　寄藤文平＋北谷彩夏（文平銀座）

まえがき

あなたにとって、「やせる」とはどういう意味を持つものでしょうか。

そもそもダイエットとは何なのでしょうか。

また、何のために必要なのでしょうか。

なかには「ダイエットは趣味」と言い切る若い女性も少なくないようです。時代性なのかもしれませんが、私としてはやはり驚く他ありません。

趣味でしたら、外野がとやかく言う必要はないのかもしれませんが、もしそれが健康を害する原因になってしまうとしたら……。

健康を損なっては、美容も何もあったものではありません。当たり前のことですが、**ダイエットは少なくとも健康の維持と増進に貢献するものでなければなりません**。

どこからどう見ても、すでに十分にやせているのに、どうしてもまだやせたいという方は、〝やせ過ぎのファッションモデルをショーから排除〟という、2006年ヨーロッパ発のニュースをぜひ思い出していただきたいと思います。やせ過ぎは健康に悪いだけでなく、美しくないのです。

試しに〝ダイエット〟をインターネットで検索すると驚くほどの件数がヒットします。現代の日本には、じつにさまざまなダイエット手法が溢れています。それだけダイエットに対する関心が高いということなのでしょうし、もし、それがイコール健康への意識の高さならば、たいへん結構なことです。

しかし残念ながら、単に、〝できるだけ楽をしてやせるダイエット〟を探し求めている人が多い。また、そこにつけ込もうとする商材には許し難いものがあります。しかし、ダイエットに効率を求めること自体は、決して悪いことではないと私は思っています。わざわざ非効率なダイエットをする必要はどこにもありません。ただし、効率のよいダイエット法はあっても、楽なダイエット法など基本的にはどこにもないのです。

楽に、気ままに暮らしてきた結果、ダイエットが必要な体になってしまったのに、そのうえ〝楽をして〟ダイエットなどできるはずもありません。まず、そのことを冒頭でお話しておきたいと思います。

ただし（むしろこの後が大切なのですが）、**楽なダイエットはないからといって、やみくもに頑張ればいいわけでもないのです。**

強い運動をしたからといって、望ましいダイエット効果が得られるとは限りません。それが、たとえ体脂肪を燃焼するといわれている有酸素運動であっても、です。

では逆に、体脂肪を一切燃焼しない運動とされている筋トレ（無酸素運動）はどうか。これについては〝やっても無駄〟と思い込んでいる向きや、「ダイエットしたいのに筋肉ムキムキになってどうするの？」と心配をされてしまう方なども多いようです。ところが、これこそまさに要らぬ心配、あるいは見当違い、誤解された常識というものなのです。

筋トレは体脂肪を燃やさないというのは正解です。

しかし、それでも、有酸素運動以上にダイエットに効果があるといえるのです。その理由をご存じないあなたも、本書で詳しくご説明していきたいと思いますのでご安心ください。

一般的にダイエットの主役と考えられている食事制限にも、間違った常識、誤解されている常識がたくさんあります。

さて、ここであなたに質問します。○か×かでお答えください。

「糖質はダイエットの大敵」というのは正解でしょうか？

「間食はダイエットの大敵」というのはどうでしょう？

どちらも○と答える人がほとんどです。笑って、「そんな常識、間違えるわけがない」と言う人も少なくないかもしれません。

正解とその根拠については、本書をじっくりお読みいただきたいと思います。みんなが言っているからと安易に信じ込んで、「なぜなのか」という理由を理解しないのは、ダイエットに限らず何かをやり遂げる上で大きな障害となります。ましてや効率を求めるなら、正しい理解と、そのうえでの工夫が不可欠です。

錯綜する常識と非常識――。何が事実で、何が誤解なのか。どちらが本当で、どちらが間違いなのか。それをしっかりと学び、理解しておくことが、効果的なダイエットには不可欠なステップです。

世のダイエット手法には驚くほど流行《はや》りすたりがありますが、基本的な原理は不変です。そこさえしっかり押さえておけば、間違ったダイエットで逆にやせにくい体になってしまったり、効率の悪いダイエットによって遠回りすることもなくなるはずです。

本書は、ダイエットに科学のメスを入れ、なんとなくわかったつもりになっている常識について、「本当にそうなのか」とみなさんに考えていただくきっかけになれば、という思いから筆をとったものです。また同時に、では非常識と思われているものが「本当に非常識なのか」ということも、解き明かしていきたいと思います。

ダイエットメニューは本来、人それぞれであるはずです。身長、体重、年齢、性別、体脂肪率、生活習慣などによって違ってくるのは当然でしょう。最終的には自分にふさわしいダイエットメニューを自ら考え、実践していくしかありません。そのためには、正しい理解と知識を身に付けておかなければならない。間違った常識に振り回されてはいけないのです。

ちなみに、ダイエットは若い女性の専売特許のように思われている節があります。この〝世間の常識〟こそが典型的な非常識。むしろ、**日本の現代社会においてダイエットが本当に必要なのは中高年の男性なのです**。年齢でいえば主に40歳以上の、いわゆるメタボおよびその予備軍の人々。

あなたが50代、もしくは60歳以上でも、まだまだ十分に間に合います。

いまさらダイエットなんて、と思われるかもしれませんが、健康を維持するために、ぜひ、ご自分の肉体に関する正しい知識を身に付けていただきたいと思います。なお、現状ではダイエットなどまったく必要がない人でも、ダイエットへの正しい理解は必要です。なぜなら、現代に生きる日本人は、総じて「太りやすい」といえるからです。誤解を恐れずにいえば「誰でも太りやすい」、つまり「あなたも太りやすい」のです。

しかし、ダイエットは基本さえ間違えなければ難しいことは何もありません。ただし、決して楽だという意味ではありませんから、その点だけはくれぐれも誤解なきように……。私が提唱しているスロトレも、その名称ゆえに多少誤解があるようですが、決して楽なトレーニングではありません。

スロトレも含めた筋トレは、軽い負荷を実感するだけでは効果がなく、体脂肪を減らすためのトレーニングになりません。ただし、いたずらに頑張る必要もないのです。

それでは、流行に左右されないダイエットを「基本の基本」から、しっかりと理解していくとしましょう。〝体質を改善していく〟ことで、確実に効果が上がる『太らない教室』をここに開講いたします。

太らない教室　目次

[1時限目]

体脂肪を落とすためのやさしい科学

[2時限目]

食事制限の常識・非常識

［3時限目］

運動による賢いカロリー消費術

［4時限目］

ダイエットと筋トレ

[5時限目]

ダイエットの新しい常識

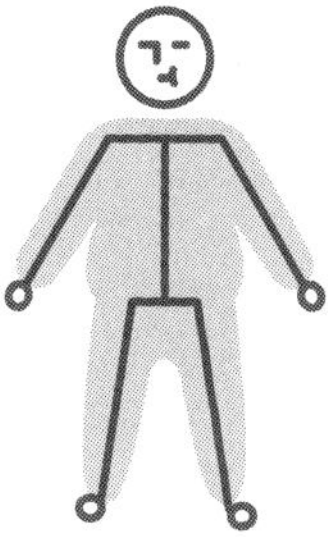

［1時限目］

THE FIRST PERIOD

体脂肪を落とすための やさしい科学

やせる健康とやせない健康

「太っていると、なぜ健康に悪いのか」、あなたは理解していますか。なんとなく常識とされながら、じつは意外なほど正しく認識されていない「肥満」と「健康」の関係を考えてみることにしましょう。近年のやや過熱気味のメタボ報道などから短絡し、「太っている＝生活習慣病予備軍」のように思われている人もいるようですが、太っているとかならず生活習慣病になるわけではありません。あくまで、危険性が高くなる、リスクが高まるということです。

身長と体重から計算された体格指数（ＢＭＩ）が、肥満の指針とされてきたのは、多くの皆さんがご存じでしょう。

体重（キログラム）を身長（メートル）の二乗で割ったものがＢＭＩの数値です。

BMI指数の判定基準

計算方式

体重(kg) ÷ 身長(m)² ＝ BMI指数

$$\text{体重 (kg)} \div \text{身長 (m)}^2 = \text{BMI指数}$$

例 **身長172cm、体重65kgの人の場合**

65kg ÷ (1.72m × 1.72m) ≒ 21.97 (BMI)

やせ	ふつう	肥満
(低体重) 18.5未満	18.5以上〜25.0未満	(1度) 25.0以上〜30.0未満 (2度) 30.0以上〜35.0未満 (3度) 35.0以上〜40.0未満 (4度) 40.0以上

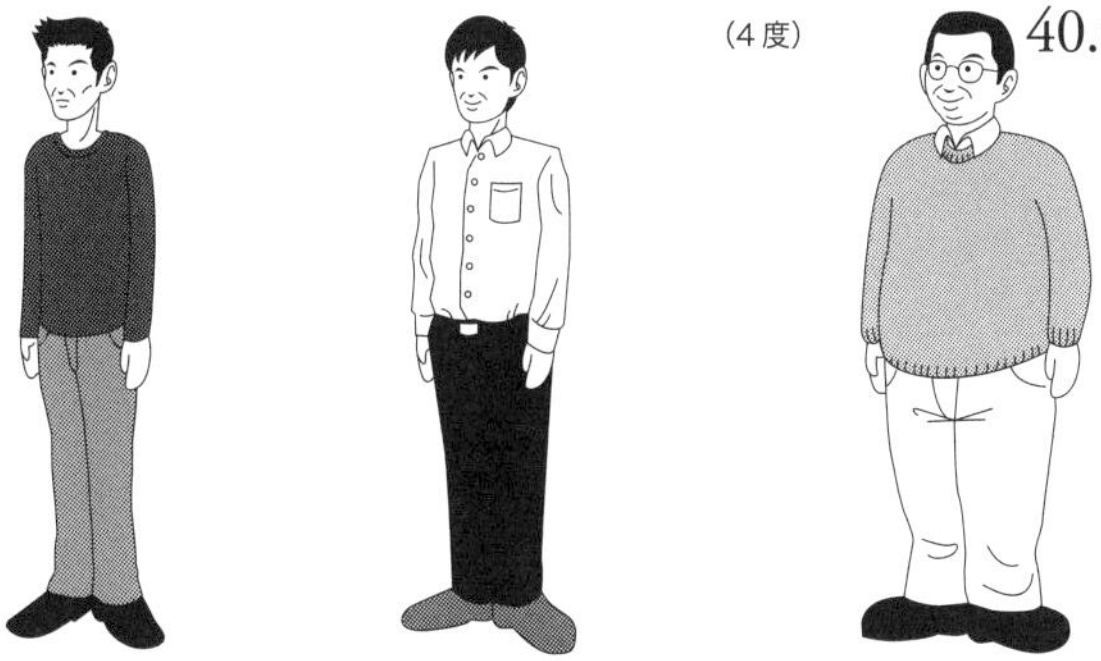

BMI値25.0以上で、さらに下のいずれかに当てはまる場合を肥満症と診断する。

1）肥満に伴いやすい疾患（糖尿病・高血圧・脂肪肝・睡眠時無呼吸症候群・月経異常など）をすでに合併している場合

2）ウエスト周径が男性85cm以上、女性90cm以上あり、上半身肥満が疑われ、腹部CTスキャンで内臓脂肪面積が100cm²以上の内臓脂肪型肥満が確認できる場合

※日本肥満学会が定めた判定基準（2000年）

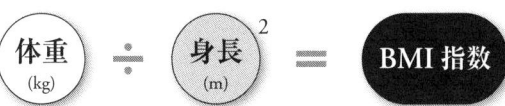

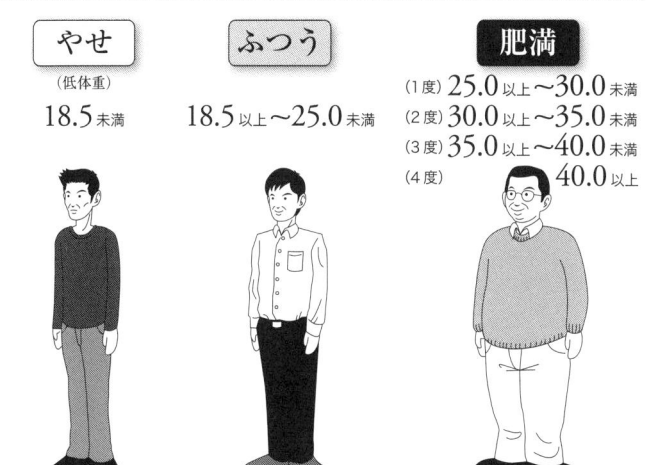

たとえばＢＭＩが20なら少しやせている、24なら少し太っているというように、この数字で、身長の割には体重が多い、少ないという判断をしてきました。

ＢＭＩの計算式は世界共通ですが、肥満の判定基準は国によって多少異なり、**日本では22が標準であるとされています**。男性も女性も、この数値なら体に問題を抱えている割合がいちばん少ないという統計的なデータがあるからです。

みなさんも自分の身長、体重で計算してみてください。たとえば身長１７２センチメートルの方なら体重約65キログラムがＢＭＩ22になります。

それが26、27という数値になってくると、病気を抱えている人の割合が増えてくるという統計データがあるため、

「ＢＭＩの値を下げるようにしましょう」

「22を目標にしましょう」

などと指導されてきたわけです。

ＢＭＩはひとつのわかりやすい目安として、今でも有用です。

しかし、多様な肥満の状態を身長と体重の関係からのみ判定するのは、やはり少々無理が

BMI指数と健康へのリスク

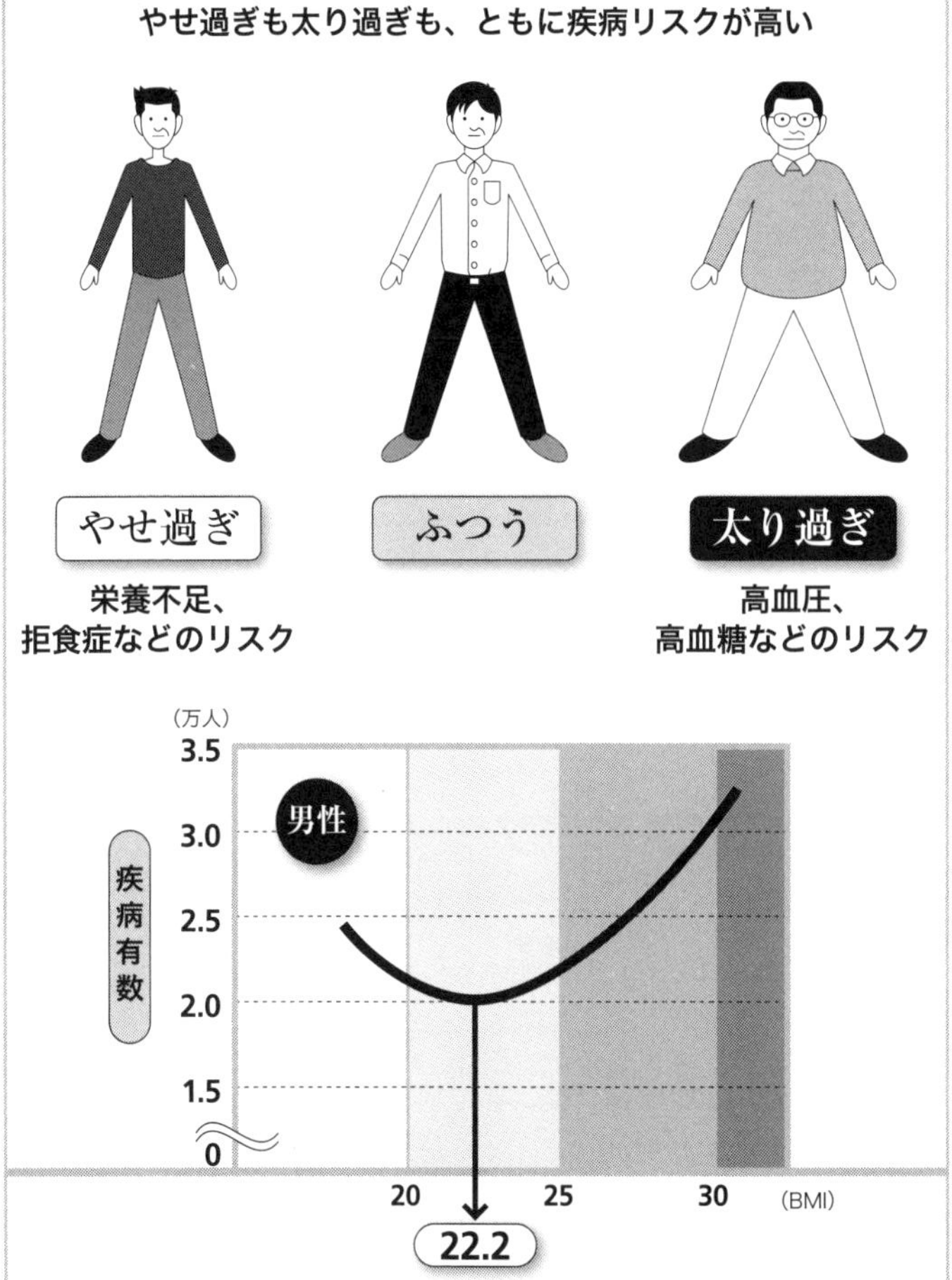

※女性は21.9が最も病気になりにくいといわれる

あります。とくに、ここ二〇年くらいの研究から、蓄積された脂肪が病気を誘発する体をつくるのではないか、といわれるようになってきました。肥満で問題なのは、体重そのもの（身長に対する体重の大小）ではなく、体脂肪の多さということです。

それを生理現象として説明する上で欠かせないのが、〝アディポサイトカイン〟の存在です。アディポサイトカインとは体脂肪から分泌される生理活性物質です。〝アディポ〟は「脂肪の」という意味で、〝サイトカイン〟は、主に免疫系の細胞から分泌する生理活性物質の総称です。

脂肪が増えてくるとアディポサイトカインが分泌されますが、現在わかっているだけで23種類あります。そのなかには、動脈硬化を誘発したり、糖尿病の原因になったり、血を固まりやすくしてしまったりするものが存在します。つまり、**体脂肪が多いことが、動脈硬化、脳卒中、心筋梗塞など生活習慣病の直接的な原因になりうる**、ということ。脂肪の付きすぎは、そのこと自体が一種の病態と言ってもいいかもしれません。

さらに、ここ一〇年以内のごく最近のことですが、研究が進んだ結果、同じ体脂肪でも内臓脂肪と皮下脂肪では違いがあることがわかってきました。アディポサイトカインを分泌する活性が、内臓脂肪と皮下脂肪では大きく違うという発見です。内臓脂肪のほうが、なんと3倍以上も分泌活性が高いのです。

つまり、**生活習慣病のリスクを高める要因は内臓脂肪の増加にある**、ということがいえます。この研究の成果とデータを踏まえて、「中年をすぎたら内臓脂肪がつかないようにしましょう」と今、声高に叫ばれているのが、ご存じ「メタボ対策」です。

メタボ、すなわち「メタボリックシンドローム」は、正確に和訳すると「代謝異常症候群」となります。しかし、この訳では一般の人に意味が伝わりにくいということで、現在は「内臓脂肪症候群」とよく訳されています。内臓脂肪が健康に悪いこと、それが増えることで生活習慣病のリスクが高まるという因果関係は、確かにこちらのほうがわかりやすいかもしれません。

実際の健康診断の統計（2004年度のデータ）では、**40歳以降の男性のうち50パーセント以上の人が、メタボリックシンドロームないしは予備軍**ということがわかっています。

ただし、女性の場合は20パーセント前後。女性に比べ、男性のほうが内臓に脂肪がつきやすい証であり、動脈硬化などを発症しやすいということを示しています。

メタボリックシンドローム（内臓脂肪症候群）該当者の状況

該当者数　約 **960** 万人
予備軍者数　約 **980** 万人

計 1940 万人と推定

40〜74 歳では、男性の 2 人に 1 人、女性の 5 人に 1 人が、メタボ もしくは その予備軍。

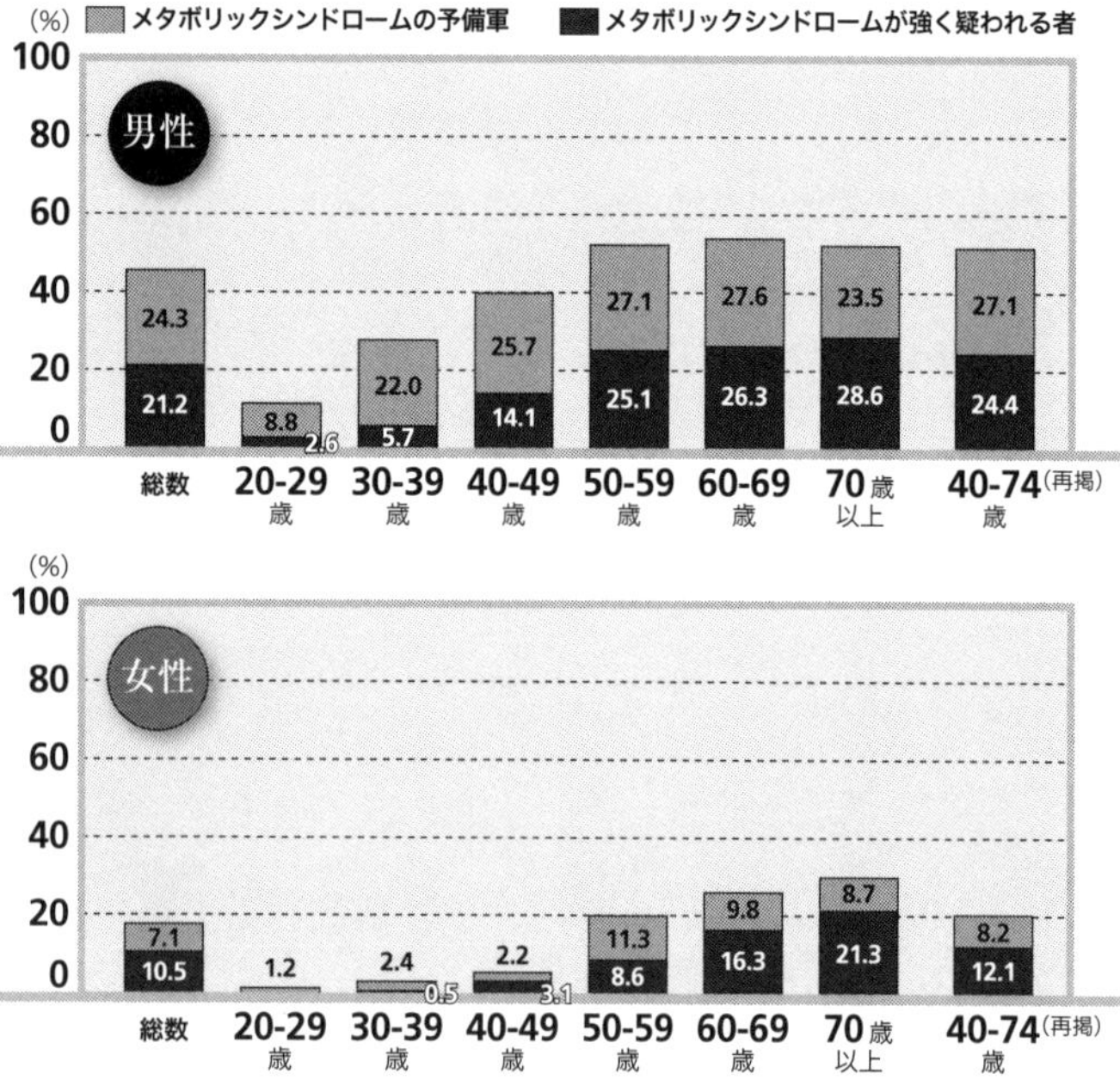

（厚生労働省　平成 18 年国民健康・栄養調査結果）

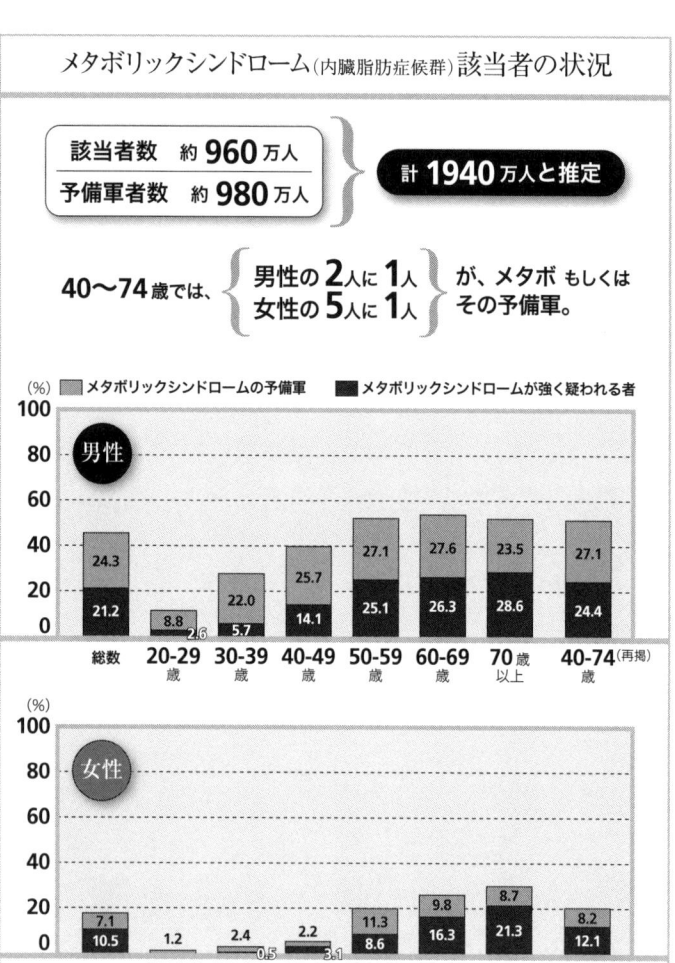

このデータは日本人の場合ですが、そこには明らかな性差が認められるのです。ところが、やせたい、ダイエットしたいと思っているのは女性のほうが圧倒的に多い。一方、さし迫ってダイエットの必要がある中年男性は、いまさら好きなものを我慢してまでやせたくないと思っている。なかなかうまくいかないものです。もっとも、最近のメタボ報道のおかげで、多少は気にする中年男性も増えてきたようなので、それはいい傾向です。

それよりむしろ問題なのは、やせる必要はまったくないのにやせようとして、実際に必要以上にやせてしまう人です。とくに、ダイエットしなければという強迫観念に駆られている若い女性に注意を促したいのですが、極端にやせるのは、じつは太る以上に危険です。脅しでもなんでもなく、命にかかわることさえあるのです。

人間は太るのが当たり前

そもそも人間の体は太るようにできています。

そこまで言い切っていいのかというご指摘もありますが、言い切ってまったく問題ありません。それが自然の摂理なのですから。

ついつい忘れがちですが、人間は、人間である以前に動物です。

野性の動物が生きていく環境は、険しくそして厳しいのが基本。厳しい生活環境の中で、安心して生き残れる生体は全体の半分もいません。与えられた生を全うできる割合はさらに少なく、全体の数パーセントにすぎないのです。

最大の理由は簡単、十分な食糧が確保できないからです。自然環境にもよりますが、食糧をめぐる争い、生存競争を繰り広げなければならない。この競争は熾烈なものです。

そのため、摂取できるエネルギーが十分にあるときはどんどん貯め込み、エネルギーとして蓄えられるようにヒトの体の仕組みが変わってきたのです。

貯め込むうえでいちばん効率のいいのが脂肪。

ですから、**余剰のエネルギーは脂肪として貯め込むという仕組みが体質としてできあがっているのです**。たとえ余剰なエネルギーであっても、摂れるときは摂れるだけ摂って脂肪として蓄えるのは、四六〇万年の人類の歴史の中で得た、生きるための戦略であり、自然の摂理がなせる業なのです。

ですから、現在の日本のように、十分に食べる物がある環境下では、人間が太るのはむしろ自然なのです。エネルギーを十分に摂ることで太るという反応は、生理的に自然なこと。食事をしっかり摂っているのに太らないとしたら、逆にどこか体の調子が悪いのかもしれません。

また、人体というのは、エネルギー的に余力があってはじめて、積極的に体として機能できるものです。経済的な余力も同じでしょう。多少の余裕がないと、その日暮らしが精一杯になって視野も行動範囲も狭くなり、精神的にも余裕がなくなるものです。安定した日常生活が送れなくなります。

病気に対する抵抗力も、体にエネルギーの余力があるかないかで大きく変わります。体を守ってくれる免疫機能がきちんと発揮されるのも余力があってこそ。余力がないと健康そのものが維持しにくくなります。

女性が子どもを産む場合はもっと深刻です。もし体にエネルギーの余力がないと、母体も、お腹の子どもも非常に危険な状態になるからです。体が余力不足と判断すると母体は子どもがつくれないように反応します。生命自体を守るための反応です。

体脂肪率が10パーセントを切ると生理が止まるのはそういうことなのです。「子どもを産んだら危ないですよ」というシグナルと言ってもいいでしょう。食糧も満足にないときに子どもをつくることは危険と、体が自然に反応するのです。

まえがきでも触れましたが、最近のファッションショーではやせ過ぎモデルは排除される傾向にあります。やせ過ぎでＢＭＩが18・5を切る状態になると、命にかかわる可能性が出てきます。イタリアなどでは、ＢＭＩ18以下のモデルは使ってはいけないということになったと耳にしました。

やせ過ぎと太り過ぎ。

どちらも健康に悪しき影響があるのですが、仮に、いま現在どちらのほうが、より命が危ぶまれるかといえばやせ過ぎのほうです。

とはいえ、エネルギーの貯金がありすぎても病気になる可能性が高まりますから、ダイエットの目的は、ちょうどいい状態をキープしましょう、ということでもあるのです。

サウナで落ちるのは水分だけ！

ＢＭＩはあくまで身長と体重だけの比率です。肝心の体脂肪、とりわけ内臓脂肪の状態は何も表してはくれません。それでも、やせるというと、どうしても、イコール「体重を減らすこと」という固定観念がまだまだ一般には根強いようです。

やせるという言葉の意味としてはその通りなので仕方ないのでしょうが、**ダイエットが真に目指す目的からすれば、体重減は二の次、あるいは内臓脂肪を落とした結果としてついてくる副次的なものにすぎません。**

もう少ししっかり理解を深めていただくために、今度はあえて簡単に体重を落とす話をしてみましょう。

人間の体は60パーセントが水分です。たとえば、熱いサウナに入って、我慢して汗をいっぱいかけば相当に絞れます。簡単に絞れます。絞れるのは、ほぼ全部が水分ですが、簡単に体重は落ちます。しかし、残念ながら、**体脂肪が溶け出して汗と一緒に出るなどということは一切ありません**。

体重の4パーセント、たとえば70キログラムの体重の人なら2・8キログラムくらいまでなら、水分を失っても生理的には大丈夫です。サウナに行けば一日でそのくらい絞れても、なんの不思議もありません。夏の日中に大汗をかいたり、運動して汗をかいたりするのもサウナでかく汗と同じこと。体温を必要以上に上げないための生理的な作用です。

ただし、水分を補給すれば、たちまち体重は戻ってしまいます。ならばと、水分補給を我慢すれば、非常に危険な状態になってしまいますので、くれぐれもご注意を。

ちなみに、大量の汗をかいた状態で放っておくと、体にさまざまな悪影響が出てきます。血液の浸透圧は変わりませんが、体液が濃くなるのです。細胞の中の塩分濃度と体液の塩分濃度が違ってくると、細胞そのものの機能に影響が出てきます。熱中症になって倒れてしまう可能性も高まります。

もっとも、普通ならのどが渇いてたまりませんから、体からそうしたシグナルが出たら素直に従って、水分をすみやかに補給することになるでしょう。理想は、のどが渇く前のこまめな水分補給です。サウナに入る前には、コップ一杯の水を飲んでおくことが基本です。

その昔は、

「運動中に水分を摂ってはいけない」

などと、ずいぶん乱暴な指導をされたものですが、これは明らかに誤りです。失われた水分はすみやかに補給しなければいけません。

サウナで絞っても、水分を摂るとたちまち体重は元に戻ってしまうわけですが、戻さないといけません。元に戻さないと体は危機的な状態のままということになってしまうからです。

ところで、汗として出てくるこの水分は、体のどこにあったものでしょうか。

まず、細胞の70パーセントが水分です。それから細胞と細胞の間にある組織間液、さらにはリンパ液、血液の中にももちろん水分があります。汗になって出てくる水分は、細胞からリンパに入って血液（静脈）に行き、そこから汗になって出てきたものです。

絞りだして出てきた汗は、細胞の中にあった水分が出てきたということです。ちょっとかく汗も、血液中から出てきた水分です。

補給をすれば元に戻るのですから、汗をかくだけではダイエットとしての意味はほとんどありません。しかし、体の中の水分を積極的に入れ替えること自体は決して悪いことではないのです。体の中にたまった老廃物を出すことにもつながり、体としては非常にすっきりします。発汗反応は多少エネルギーを使う反応でもあるため、わずかながら体脂肪も燃焼されますが、残念ながらこれは本当にごくごくわずかです。

サウナで汗を絞ってやせるというと、ボクサーの減量を思い浮かべる人も多いでしょう。しかし、ボクサーの計量は試合の前日です。パスした後はすぐに、水分を補給し、食事をし、体調を整えて、翌日リングに上がります。わずか一日で2～3キログラム戻すのは当たり前で、階級によってはもっと戻します。体の水分をギリギリまで絞って、そのままリングに上がったら、それこそ1ラウンドでノックアウトされてしまいます。

体重を落とすこととダイエットはイコールではないのです。ダイエットの目的は体脂肪、とりわけ内臓脂肪を落とすこと。

これを誤解なく、しっかりと理解しなければいけません。

しかし、後で述べますが、たとえば体脂肪を2キログラム落とすには、どんなに頑張っても数カ月はかかります。手間ひまがかかるのです。

対して、サウナで少し無理をすれば一日で体重を2キログラムくらいは簡単に減らすことができる。減ったのは水分だけなのですが、それでも、2キログラムも減るとついつい嬉しくなってしまいます。しかしそれはぬか喜びにすぎません。しかも、瞬間的に大きく落としたとしても、水分で絞れるのは体重の4パーセントまで。それが限界です。

徐々に増えてしまった体脂肪を一気に減らすことはできないのです。この事実を、まずはしっかりと認識していただきたいと思います。

熱を生産する褐色脂肪

さて、肝心の体脂肪の話をもう少ししておきましょう。

体脂肪は、皮下脂肪と内臓脂肪を合わせたものを指しますが、人間の体の中にはもうひとつ、脂肪という名称を持つ組織が存在します。褐色《かっしょく》脂肪です。

皮下脂肪と内臓脂肪は、脂肪組織として見た場合には、どちらも白色脂肪です。外観上、差はほとんどなく、付く場所が違うだけといっても完全な間違いではありません。対して、褐色脂肪は、色も見た目も明らかに違います。

胸から脇にかけてと、心臓および腎臓《じんぞう》の周りに少しあるだけで、成人で、わずか合計40グラムしかありません（赤ちゃんは100グラムほどありますが、成長とともにだんだん減っていきます）。量は少ないのですが、**体の熱を生産する役割をもっぱら果たしている脂肪です**。他の体脂肪がエネルギーを蓄えるのに対し、こちらは熱を生産するという正反対の働きをします。褐色脂肪は、内臓脂肪も燃やしているということです。

　体脂肪を燃やすのですから、ダイエットには好都合。ですので一時期、褐色脂肪がダイエットのキーワードとして注目されたことがありました。

　褐色脂肪が熱を出すとき、脳からの指令が交感神経《こうかんしんけい》に通じて、β3《ベータスリー》アドレナリン受容体というタンパク質が働きます。β3アドレナリン受容体などというと何やら難しそうですが、褐色脂肪が持っている、脳からの指令を受け取るための仕組みと考えてください。これがうまく働くと体が熱をたくさん出すようになります。つまり、エネルギーを使うということですから、褐色脂肪がきちんと機能すると、やせやすいということになります。

　肥満の一因に「交感神経の活性が低い」という要素が挙げられるのですが、交感神経が正常に働いていても、β3アドレナリン受容体の機能が低い人は褐色脂肪組織が熱を出す能力も低いので、太りやすい体質ということになります。じつは、遺伝的に日本人の30パーセント強はこのタイプです。3割以上もいるのですから、これは個性、あるいは個人差であって、決して異常ではありません。専門的には遺伝子多型といいます。ちなみに確率が1パーセント未満の場合には、多型ではなく変異といいます。

さきほど人間は太るのは当然と言いましたが、太りやすい日本人の中でも、さまざまな遺伝子の異常によって、太れない体質の人もごくごく稀にいます。異常か、個性なのかは、学問的には全体のうち1パーセントいるかいないかによって決まります。豆知識として覚えておいていただいてもいいでしょう。

ですから、β3アドレナリン受容体の機能が低いのは異常ではなく、個性であり体質。**日本人の肥満体質のひとつは、β3アドレナリン受容体の機能不全が原因なのです。**

さて、それではなぜ、日本人の3割もの人が遺伝的に太りやすい体質なのでしょうか。

それは、太れる体質のほうが生き残りやすかったからだと考えられます。かつての日本人は農耕を中心とした生活が大半を占めていました。穀物を育て、どちらかというと粗食でしのいできた民族です。脂っこい食べ物を好んで食べるのではなく、粗食でもじっとエネルギーを蓄えて生きのびる。そういう環境下でずっと長い間暮らしてきたという背景があります。

対して欧米人には、β3アドレナリン受容体機能の低い人は少ない。異常といえるほど少数派かどうかは微妙ですが、日本人と比べれば相当少ない。おそらくは、食べ物があるところにはどこへでも行くという、それこそ活発に動き回ってきた狩猟民族だからでしょう。カロリーの高い食料を十分に摂っていた。そういう生活をしていたためにこのような差が生まれたのだと思われます。

いずれも環境が体質を育てたのです。

人類が誕生したのは、四六〇万年前といわれていますが、現在のように苦労しなくても食料が手に入るような暮らしができるようになったのは、せいぜいここ数百年にすぎません。人類の歴史が一日だとすれば、わずか一秒。いや、それ以下かもしれません。いずれにしても一瞬です。しかし、長い時間をかけてできた遺伝子の特性からみれば、ここ数百年の社会はまさに異常。人の体にとっても異常な環境といえるのです。

このような異常な環境下にあって、まずアメリカで肥満の問題が顕在化してきました。1960年前後のことです。暮らしが豊かになった証拠であり、弊害でもあります。それが数十年遅れて日本でも大きな問題になってきたということです。

すでに申し上げたように、**そもそも日本人は太りやすい素地を持っています**。**その上で、**

アメリカ人と同じような食生活を送れば、太るのは当たり前だというのは納得いただけると思うのですが、いかがでしょう。現在の日本人は、すべからくそういう状態にあるのです。

少々話が横道にそれましたが、現代に生きる日本人は誰でも、つまりあなた自身も太りやすい背景を、遺伝的にも環境的にも持っているということは、ぜひご理解ください。

話を戻します。褐色脂肪は熱生産をする組織であり、確かに大切ですが、生産する熱量は全体の20パーセントにすぎません。残り80パーセントは筋肉と腎臓、肝臓で生産されています。ですので、ある意味、褐色脂肪は過大評価をされていると考えたほうがいいのです。話題になった頃は、肥満遺伝子、節約遺伝子などと呼ばれて、マスコミを賑わせましたが、これも一時のブームで終わりました。

そもそもヒトの成人には、わずか40グラムしか褐色脂肪はないのです。余談ですが褐色脂肪の多い動物は熊、リスなど冬眠するもの。こうした動物は冬眠している間、褐色脂肪が生産する熱によって凍死しないようにできているのです。

人間では、熱生産のうち60パーセントが筋肉によるものです。体温、熱生産、基礎代謝という観点からは、何がなくても筋肉抜きでは語れないということになります。

内臓脂肪は皮下脂肪より落ちやすい

減らすべき体脂肪である、内臓脂肪と皮下脂肪に話を移しましょう。

すでに述べたように、内臓脂肪はアディポサイトカインの分泌活性が高いのが特徴です（皮下脂肪の3倍以上）。ですから、なるべく内臓脂肪を落としたい、減らしたいということになるわけですが、じつに都合がいいことに、**皮下脂肪に比べて内臓脂肪のほうが落ちやすく、減らしやすい**のです。

ダイエットを始めると、皮下脂肪より内臓脂肪のほうが早く落ちます。

ただし、その理由はまだはっきりとはわかってはいません。現状、はっきりしているのは、結果として内臓脂肪のほうが落ちやすいという事実だけです。

皮下脂肪と内臓脂肪は、見た目に差がなく、性質も似ています。組性として非常に似ていますが、内臓脂肪のほうは幼少期にはほとんどないものです。一方、皮下脂肪は、胎児の段階からあり、生まれてからも増えていきます。特に、成長段階で二度の顕著な増加期があります。「**生まれてから5歳ぐらいまで**」と「**思春期**」の二回です。それ以降は、皮下脂肪の細胞の数そのものは増えません。

この話をすると、「幼児期にぽっちゃりしている子は、将来も太りやすいのでは」と心配される親御さんもいます。可能性としてはそうであっても、体が成長しているときにはエネルギーの不足が起こらないようにすることが、何より大切です。

成長期に下手にダイエットなどをしてしまうと、成長すべきところが成長しません。骨がもろくなってしまったり、成人になったときに、筋力が高齢者並みに弱いなどということになりかねないのです。20~30歳という人生のすべてが最も充実する時期に、筋肉や骨がもろいということになると、これはどうみても不幸です。

また、30歳を過ぎると、誰でも筋肉や骨は衰えてきますから、普通の量を食べるだけで、どんどん太っていく可能性があります。なぜなら、エネルギーを使わなくなった体が普通にエネルギーを摂取すれば、すなわち「過食状態」ということになるからです。このように、むしろ幼児期のダイエットは、後に太りやすくなる体をつくる危険性もあるため、ご法度なのです。

そもそも、ダイエットのメインターゲットは内臓脂肪です。内臓脂肪は、文字通り内臓の周辺に付いている脂肪。子どもにはごくごく少量しかありません。内臓が機能するためのエネルギー源として少しは必要なのだろうと考えられますが、幼少期は本当に少量あるだけです。

それが、どうやって増えていくのか。じつは現代の科学ではまだ解明されていないのです。まず、どこからやってくるのかがわからない。どこからともなくやってくる。もちろん、脂肪の種、元になる細胞があるはずなのですが。

組織の基になる細胞で、幹《かん》細胞というものがあります。いま話題のiPS細胞、いわゆる何にでもなれる細胞も幹細胞です。

細胞は盛んに分裂することで増えます。脂肪細胞もそうやって増えていくのですが、内臓脂肪の幹細胞は、一体どこにあるのかがわからない。

可能性としては二つ。最初からあったわずかな内臓脂肪の幹細胞が分裂して増殖する可能性。**もうひとつは、さまざまな種類の幹細胞が脂肪になっていく可能性です**。

脂肪というのは、はびこりやすい組織で、各種の幹細胞からもつくられることがわかっています。たとえば、筋肉を作る基《もと》となるサテライト細胞というものがあるのですが、相応の刺激を与えることではじめて筋肉になります。しかし、放っておくと脂肪になる。どうやって脂肪になるのかはわからないのですが、他にもさまざまな幹細胞が脂肪になる可能性があることが確かめられています。

たとえば骨髄《こつずい》由来の幹細胞。血液中に流れている幹細胞です。再生が必要なところで、新しい組織をつくってあげるための基になるような細胞です。骨髄でつくられるため「骨髄由来の幹細胞」と呼ばれますが、この細胞も、うっかりすると最終的には脂肪になってしまう可能性があります。ただ、可能性の問題で、完全に立証されているわけではありません。しかし、あまりにも不活発な生活をしていると、お腹のなかといういちばんスペースのある、付きやすいところに付いてしまう。

皮下脂肪は皮膚と内側の組織に挟まれた部分ですから、付くにしても限度があります。対して内臓脂肪のほうは基本的に空洞のお腹に付くわけですから限度がない。いくらでも付いてしまうのです。

お腹の筋肉、つまり腹筋が発達していれば、内臓脂肪として脂肪が付くスペースを制限できる可能性はあります。ただし、ダイエットで腹筋を鍛える意味としては本来別のところに重要なポイントがあり、こちらはあくまで二次的なものですので誤解がないように。

とにかく内臓脂肪は、由来はハッキリしていませんが、年月を重ねていくなかで生まれた新しい組織ということだけは断言できます。**新しくできた組織ですから、古くからある組織に比べれば、生理活性が高い**。生理活性物質を活発に分泌すると考えられます。

ですから落ちるときも落としやすい。

おそらくそういう性質があると言っていいのでしょう。そういう意味で、早めに内臓脂肪を落とす努力をしたほうが効率的にもよいといえる。内臓脂肪がいっぱい付いて、そのまま二〇年、三〇年経ってしまうと、すんなり落ちなくなる可能性も否定はできません。

ダイエットは、早めに始めるに越したことはないのです。

〈ダイエットの基本1〉

体重ではなく脂肪を落とす

やせる目的は、体重ではなく脂肪を落とすこと。余分な内臓脂肪を落とすことにあります。この大前提を十分にわかっていただいたところで、ダイエットの基本を整理して述べていきましょう。

ダイエットそのものの理屈は簡単です。理解し、見失わなければ、効果のないダイエット手法で遠回りしたり、体に害が及ぶような羽目に陥ることもなくなるはずです。

まず、ズバリ申し上げますが、脂肪を落とすということはそんなにたやすいことではありません。理屈は簡単ですが、実際に脂肪を落とすとなるとそれなりに大変です。どのくらい大変なのかを自覚することが、まずは大切です。このことはダイエットを始める前に認識しておいていただかなければなりません。

さてダイエットの基本中の基本から申し上げましょう。しっかりと覚えていただきたいのですが、体脂肪（皮下脂肪も内臓脂肪も）は、組織量1グラムあたり約7キロカロリーの熱量を持っています。つまり、**7キロカロリーのエネルギーを余分に消費することで、はじめて体脂肪が1グラム減る**ということです。これは物理的な原則です。物が上から下に落ちるのと同じくらい当然のことであり、大原則です。

1グラム減らしてもほとんど意味がありませんから、とりあえず1キログラム（1000グラム）減らすと考えてみましょう。当然1000倍の7000キロカロリーのエネルギーが必要ということになります。

7000キロカロリーがどのくらいのものかをイメージしてみてください。

仮に一日の摂取カロリーを2500キロカロリー程度とすると、計算上は三日間ほぼ絶食しなければならないことになります。2キログラムなら、ほぼ一週間絶食しなければならない。とてもできませんよね。サウナに入れば、一日で2キログラム程度の〝体重〟は瞬間的に落とせますが、〝体脂肪〟を2キログラム減らすということは、これに比べて圧倒的に大変だということがわかると思います。

ですから、〝一週間で脂肪が5キログラム減る〟というダイエットはそもそもありえないということになります。物理的にありえない。体重が減ったとしてもそれは水分であり、ダイエットできたと思ってもそれは誤認というものです。

本来のダイエットの目的、つまり余分な体脂肪を狙い撃ちして減らしていくためには、手間暇をかけないと無理ということになります。このことをしっかりと頭に入れておくことからダイエットはスタートします。

ダイエットを成功させるには目標を立てることも大切です。しかし、一週間や一〇日間で5キログラムやせようというのは、そもそも目標が間違っていることになる。達成できませんし、そうなると挫折をして諦めることにもつながってしまいます。

目標は無理なく、少なくとも理論的に可能な範囲で。相当頑張った目標を立てたとして、三カ月で2キログラム。もの足りないかもしれませんが、この程度が妥当であると認識してください。**三カ月で2キログラム内臓脂肪が減れば、十分だと考えてください。**

〈ダイエットの基本２〉

摂取エネルギーよりも消費エネルギーを増やす

エネルギーを消費だけして摂取しない、などということは、もちろんできません。ですから、**どうやって摂取エネルギーより消費エネルギーを増やすか**ということになります。工夫して、なんとか「**エネルギーの赤字**」をつくっていきましょう、というのが、ダイエットの手法における基本となる考え方です。

上手にエネルギーの赤字をつくることができれば、体脂肪を減らしていくことができます。戦略としては三つ考えられます。

戦略1　エネルギーの摂取量を減らす
戦略2　エネルギーの消費量を増やす
戦略3　戦略1と戦略2を組み合わせる

誰が見ても、戦略3がいちばん効果的なのは明らかですが、実際には個人の置かれている状況によって、とるべき戦略は異なるというのが正確なところでしょう。

たとえば、明らかに過食で太っている場合は、まず食事のコントロールをしっかりおこなうことが先決ですし、食事の量が他人より決して多くないのに太っているという場合には、エネルギー消費がきちんとなされていないということですから、食事を落とすよりも運動量を増やさないといけません。

組み合わせる場合も、どちらに重点を置いてやるのかは、一概にはいえません。個人個人の肥満状態、年齢、体力、生活習慣によって違いますので、無限の組み合わせがあるわけです。ですから、自分に合っているものを選択しなければなりません。

さて、三つの戦略をそれぞれもう少し突き詰めて考えてみましょう。

便宜上、戦略2の「エネルギー消費量を増やす」から。たとえば運動によってエネルギーの消費量を増やすのは、無条件によいことなのですが、問題なのは、ほとんどの人が過剰な期待をしてしまうことにあります。

たとえば一時間ジョギングして、たっぷり汗をかいたとします。時速6キロメートルでゆっくりとジョギングしたと仮定しましょう。感覚的には体も軽くなりますし、脂肪もかなり減ったのではないかと思ってしまうものです。しかし、実際にどれくらいエネルギーを消費したかというと、感覚とは大きく隔たっています。運動による消費カロリーは体重によって異なりますが、たとえば体重60キログラムの人の場合は、6キロメートル走ると約360キロカロリーの消費になります。**軽いジョギングによる消費カロリーは、体重（キログラム）×距離（キロメートル）で計算可能です。**

360キロカロリーはそれなりの数字です。しかし、これを脂肪に換算すると微々たるものです。1グラムの脂肪を燃やすには7キロカロリーが必要ですから、360キロカロリーを7で割って50グラム強落ちたと言いたいところですが、**運動や基礎代謝で消費されるエネルギー源は、「脂肪5：糖質5」の半々が基本です。**つまり、その半分の30グラムにも満たない量しか体脂肪は消費されていないことになります。

一時間も走って、大汗をかいて、「これだけやせたんだぞ」と言いたいのに30グラムにも満たないのではちょっと少ない……という感覚はわからないでもありません。でも、たとえ30グラム弱でもなかなかの成果と考えていただくしかないのです。1キログラムの体脂肪を減らすには、これを40回近くおこなわなければならないということになりますが、三日に一度、6キロメートルを走る努力を半年間続ければ1キログラム以上体脂肪が減る。一年間続ければ2キログラム以上落とせるという捉え方もできるのですから。

この話をすると、「なんだかやる気がなくなっちゃいますね」という声も少なくありません。しかし、事実は事実。最初から運動で落ちるのはこの程度と理解していれば、急激に落としたい、もっと落としたいなどという欲求もなくなるのではないでしょうか。「走ってみたら気持ちがよくて、一年、二年と地道に続けていたら、ずいぶん脂肪が減ってしまった」——そういう形で結果が得られるのも悪くないと考えてください。

続けることが大切で、そのための目標が肝心です。最初から長続きしない運動なら、やらないほうがいいくらい。これなら三カ月、一年続くぞというものをやらないと、苦しいばかかりで効果は得られません。

戦略3は、戦略2の運動に戦略1の食事制限を加え、たとえば一日300キロカロリーなど可能な範囲で、摂取量も減らそうというものです。運動と食事制限の組み合わせによって、一年間で体脂肪5キログラム減くらいの目標も十分に可能になってきます。

さて、問題は戦略1です。食事制限ということですが、消費エネルギーの赤字をつくるために摂取分を減らそうというわけです。摂取量を減らせばエネルギーの収支がマイナスになりますから、理にかなってはいます。蓄えられた脂肪も間違いなく減ります。

ダイエットというと真っ先にこの摂取エネルギー減少戦略に目がいってしまいがちですが、食事量を減らすだけで脂肪を減らそうというダイエットは、運動が危険な場合や、運動ができないくらい太っている人のみが対象です。

なぜなら、**食事制限だけのダイエットは、思惑通りに脂肪を落とすことができても、同時に筋肉も落ちてしまう、という結果になるからです**。これが大問題なのです。筋肉が減るということは、基礎代謝が減るということにつながります。

〈ダイエットの基本3〉

基礎代謝を高める

生命を維持するためには呼吸もしなければなりませんし、心臓も動かさないといけない。熱をつくって体温も保たなければなりません。生きるために最低限必要なエネルギー代謝が「基礎代謝」です。残りが「活動代謝」と呼ばれるもので、さまざまな日常的作業をしたり、運動したりするときに使われるエネルギー消費です。

基礎代謝は、どんなに活動的な人でも、活動代謝より代謝量（エネルギー消費量）が多いというのが基本です。**通常の社会生活をしている人なら、一日の消費カロリーの60〜70パーセントは基礎代謝によるもの**。残りの30〜40パーセントが活動代謝となります。活動的な人でも基礎代謝によるエネルギー消費が60パーセントを占めています。

一日の消費カロリー（仮に2000kcalとする）

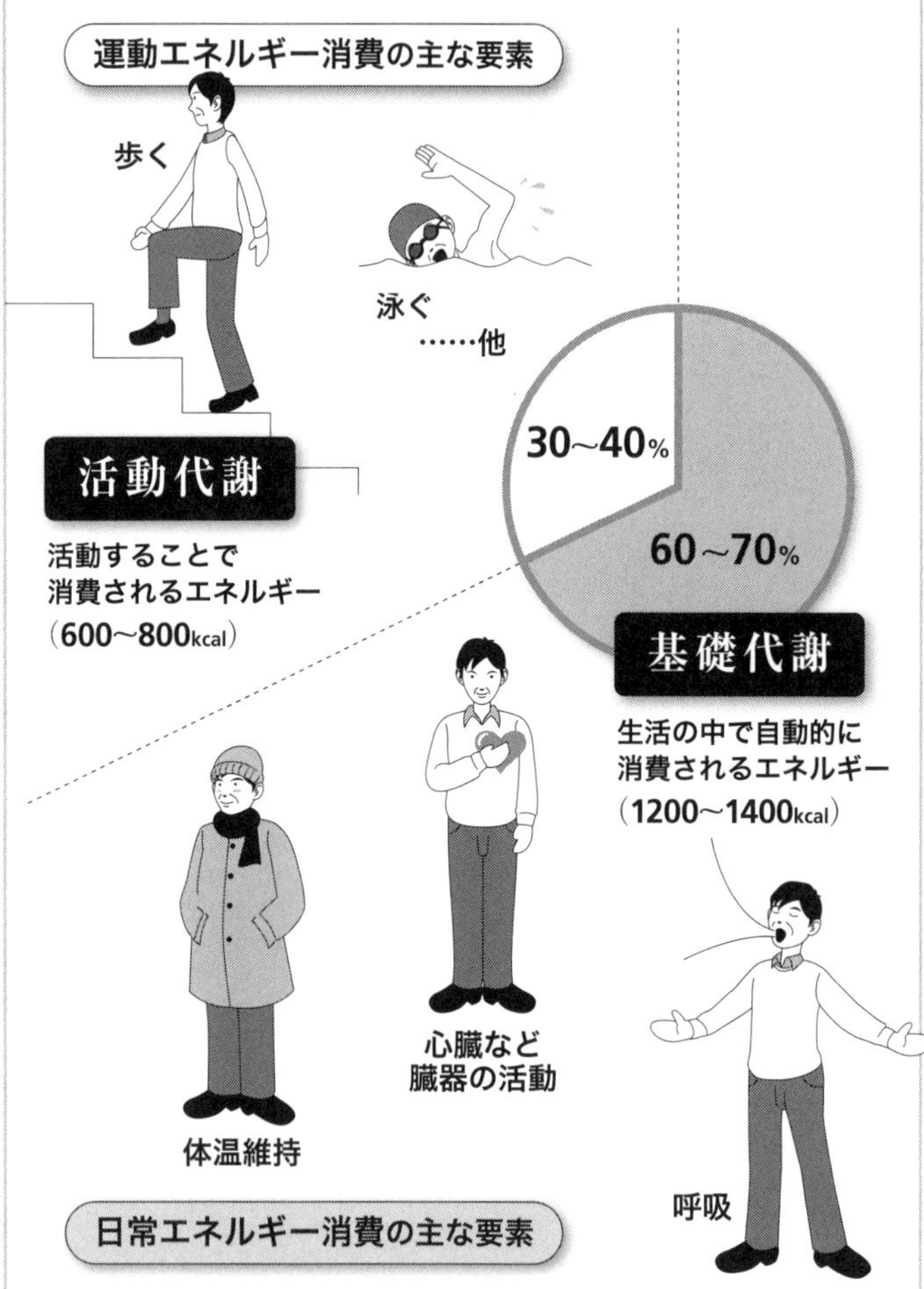

一日のエネルギー消費を仮に2000キロカロリーとすると、そのうちの1200～1400キロカロリーは基礎代謝に相当します。活動代謝より大きな割合を占める基礎代謝をもし上げることができれば、効率よくエネルギー消費量が向上するのは明らかでしょう。

基礎代謝量は、体重にほぼ比例しますが、ここで困った問題が発生します。体重が重いほど基礎代謝が高いということは、ダイエットで体重が減ってくると、基礎代謝も減っていくということ。**つまり、体重が減ればやせにくくなってくるのです**。

ただし、もう少しよく見てみると、確かに基礎代謝量は体重に比例するものの、体重の内訳のうち、どの部分に比例するのかというと、じつは筋肉の量に比例することがわかっています。筋肉が基礎代謝量と最もきれいな比例関係にある。つまり、**筋肉量が多い人は基礎代謝が高い**。こういう関係があるのです。

ですから、筋肉を減らす食事制限だけのダイエットは、代謝の低い体にしてしまっているということ。わざわざ〝やせにくい体をつくり出している〟ということになります。筋肉を維持、増強するのは、基礎代謝量を増やすうえで大きな意味があるのです。

ところで、基礎代謝量は、私たち研究者でも測るのは容易ではなく、あくまで推定の推定の、そのまた推定くらいの数値です。世の中がそういった値を欲しがるものですから、相当無理をして、基礎代謝の数字を出しています。

基礎代謝量は、酸素摂取量をもとに測るのが基本ですが、筋肉量から推定することも可能です。筋肉量は体脂肪率から推し量ることができます。

しかし、市販されている簡易型の体脂肪計では、体脂肪率が朝と夜でかなり違ってしまったりといった誤差が大きい。十分、目安にはなりますが、測り方によって変わります。皆さんのなかにもそういう経験をされたことがある人は多いのではないでしょうか。体脂肪率も筋肉量も、こうした測定ではあくまで推定にすぎません。そこから導き出される基礎代謝もあくまで推定のさらに推定です。

ただし、筋肉量が増えれば基礎代謝が上がるのは確かです。

一定期間筋トレをおこなう実験によると、筋肉が1キログラム増えると、一日あたり50キロカロリーくらいの基礎代謝量が増えるとされています。

しかし、実際に人の体を使った次のような実測ではもっと低い数値しか出ませんでした。

筋肉に血液が入ってから筋肉を通って出てくるまでの間（入口と出口の両方で採血して）、その筋肉でどれくらいエネルギーが消費されているかを測定する実験です。この実験では筋肉1キログラムあたりにつき一日で20キロカロリーくらいの代謝量という数値が出ます。

ですから、20～50キロカロリーの幅があると解釈するのが安全なのかもしれませんが、筋トレによる交感神経の活性化によるプラス分もありますので、筋肉量1キログラムあたり50キロカロリー程度の代謝量になるという解釈で問題ないと思います。

さて、なぜ筋肉は基礎代謝を上げる働きをするのかということですが、賢明な皆さんにはもうおわかりでしょう。筋肉は熱を出しているからですね。**体の熱を生産するのは、60パーセントが筋肉。体の中で筋肉は最大のエネルギー消費者ということができます**。熱を発生させるにはエネルギーを使うからです。

ただし、筋トレを始めて筋肉を鍛えても、すぐに筋肉量が増えるわけではありません。それでも、交感神経の活動がよくなるという効果があり、これがダイエットのためには大変に大きい。

肥満の一因に「交感神経の活性が低い」ということがあることはすでに申し上げましたが、筋トレによって交感神経が活性化されるのです。

筋肉の量と基礎代謝量の関係（概念図）

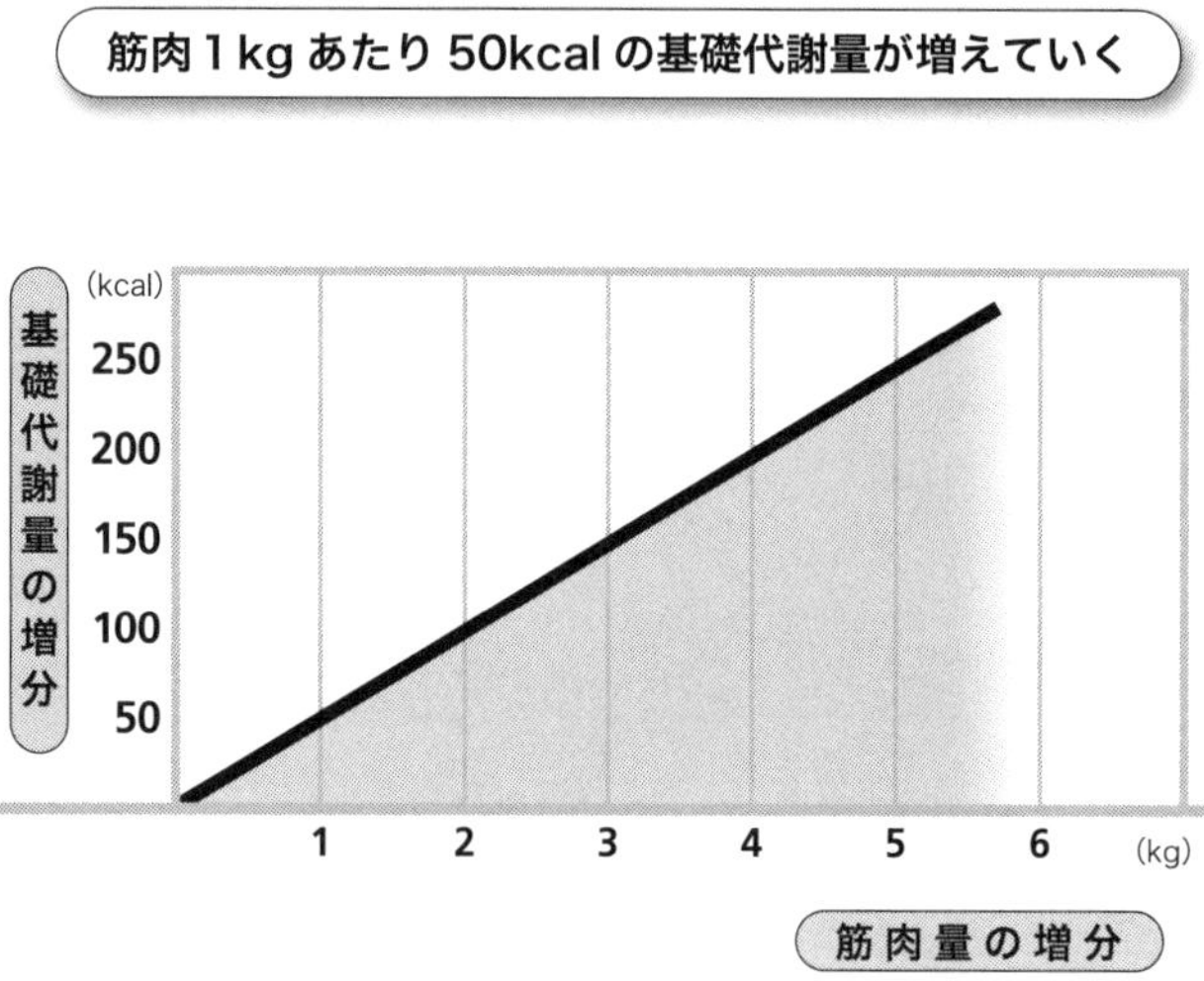

✔基礎代謝量はたしかに体重に比例するが、
「筋肉の量」に比例する、というのが実際は正しい。

✔体重と一緒に筋肉も落ちてしまうと、それだけ代謝も悪くなり、脂肪が燃焼しにくくなる。

私は、講演などではごく簡単に、

「上手に筋トレをすると、だいたい三カ月で筋肉の量を2キログラムくらい増やすことが可能です。筋肉量1キログラムあたりの消費カロリーは50キロカロリーと考えてください」

といった話をすることが多いのですが、これだけではもの足りないのでしょう。多くの質問を受けます。

筋肉量1キログラムあたりの消費カロリーは専門家でないとわかりづらいところなのですが、基礎代謝が上がるというと、皆さん、俄然興味をかきたてられるようです。多くの方からのたくさんの質問に答えるという意味でも、この項では少し専門的に説明してみました。

さて、今度は筋肉が増えたらどうなるか。

筋トレの結果、数カ月後に筋肉が2キログラム増えたとしましょう。すると、一日あたり、100キロカロリー代謝が上がったことになります。この100キロカロリーは、運動したり食事制限したりして減るものとは根本的に違います。自動的に100キロカロリー引き落とされる基礎代謝なのです。消費しようと意識しなくても消費される分です。

一年は三六五日ですから、365倍して3万6500キロカロリー、約5キログラムということになります。**筋肉を2キログラム増やせば、自動的に5キログラムの脂肪が一年間で減る**といっても過言ではないでしょう。

ダイエットの基本は以上の三つだけです。一度わかってしまえば、じつに簡単な理屈です。これ以外にはないと断言しても問題ありません。

ですから、皆さんは自信を持って、着実にダイエットと向き合っていってほしいと思います。

ダイエットの基本三原則

1 1g の脂肪を燃やすには 7kcal を消費しなくてはならない！

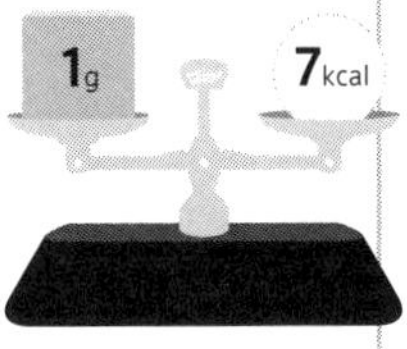

つまり、体脂肪を 1 kg 減らすには、
7000kcal のエネルギーが必要となる。
一日の摂取カロリーを仮に 2500kcal とすると、
約三日間絶食しなくてはならない計算になる。

2 エネルギーの赤字をつくる！

摂取エネルギーより
消費エネルギーを増やすことが肝心！
食事制限と運動の組み合わせで効率的に。

3 活動代謝より基礎代謝の量を増やす！

一日あたりの活動代謝は、基礎代謝の 1/2 以下にしかならない。
筋肉量を増やすことで基礎代謝と活動代謝の両方が上がる。

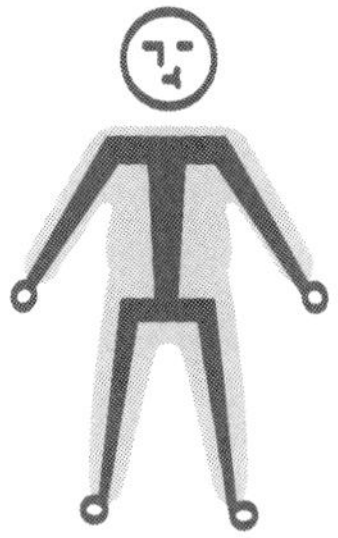

[2時限目]

THE SECOND PERIOD

食事制限の
常識・非常識

科学的根拠なしに食事制限を妄信しない

人間というものは、とかく楽をしたがるものですし、基本的に怠け者にできているようです。何かを積極的にするか、何かをやめるかの二者択一を迫られた場合、多くが後者を選びます。

ダイエットのために運動をするか、食事を制限するか――。たとえ食事抜きという厳しいものであっても、体を動かして運動するよりはやりやすい、簡単だと思ってしまいがちです。少々我慢するだけだろうとか、生活スタイルはほとんど変えなくてもいいのだからなんとかなるのでは、などと思えるのでしょう。

実際に、食事抜きダイエットなどという極端なものもあるようなので、その影響もあるのでしょうが、食事抜き、特に朝食抜きダイエットはお勧めできません。

たしかに、摂取エネルギー制限のために一食抜くのは非常に手っとり早い方法ですし、他の二食がいつも通りなら朝食抜きによって間違いなく摂取制限はできます。しかし、それでもお勧めできないのです。

小学校の先生なら「朝食はちゃんと食べましょう」などと児童に指導します。子どもならば「先生の言いつけを守ろう。確かに、朝、食べないとお腹すいちゃうもんな」で納得してもいいのですが、無論、実際にはそんな道徳的、感覚的な理由ではありません。「なんとなく体に悪そうだから」、あるいは「よさそうな感じ……」「世間でいわれていることだから」などという納得の仕方は、誤解や曲解に直結します。最終的には挫折、非効率にもつながりますのでくれぐれもご注意ください。

朝食抜きがダメなのは、科学的にも、生理的にも、ダイエットの効果としておおいに疑問だからです。

前章で戦略1として「エネルギーの摂取量減」を挙げたではないか、体脂肪は減るはずではないのか、と抗議を受けそうですが、その通り、体脂肪は減りますし、戦略1に齟齬《そご》はありません。

決して、煙《けむ》に巻いているわけではないのです。食事抜き、朝食抜きで体脂肪は減りますが、最終的にダイエット効果は薄いのです。逆効果のことさえあります。

その理由は後ほどきちっと説明いたしますのでご安心ください。

他にも、一般的に信じられている「ダイエットのいろは」、常識中の常識として認知されてきたものの中には、誤解、非常識の類が驚くほどたくさんあります。科学的根拠がまったくないのに、なぜか頑《かたく》なに信じられているものがダイエットの世界にはじつに多いのです。

そもそもダイエットは、狭義には〝食事制限〟〝カロリー制限〟を意味しますが、だとすると、それは人間以前の、動物としての生存本能、自然の摂理に反しています。人間の体は太るようにできており、その生存のための戦略に逆らおうというのですから、一筋縄でいくわけがないのです。

もちろん、だからといって難しく考える必要もありません。ダイエットの基本は1時限目で述べたように至ってシンプル。考え方は簡単です。しかしながら、効果を出すのは容易ではない。まずは、そのことだけわかっていただきたいと思います。

平衡状態からの〝引き算〟で体脂肪を減らす

ダイエットの必要な人が、現状を早急に打破してやせたいと思ったら、食事制限から始めるのがいちばんの近道というのは事実でしょうし、間違ってはいません。毎日のこと、三度三度のことですから、そういう意味でも食事制限のほうが実行しやすいのでしょう。

食事の摂取カロリーで問題なのは、何キロカロリー摂取しているかではありません。今摂っている食事から何キロカロリー引くか、引けばどうなるか、です。

「成人男性の一日の摂取カロリーの理想は?」「女性だったら?」などという質問をよく受けますが、性別だけでなく、年齢、身長、体重、さらには筋肉量、活動量などによっても摂るべきカロリーは異なりますから一概にはいえません。それより、現在の食事パターンから何キロカロリー引くのか、引くべきなのかを考えるようにしてください。

もし、ここ何カ月間もあなたの体重が変わっていなければ、**摂取量と消費量がイコールにある状態**です。つまり、平衡《へいこう》状態ということ。そこから、体に取り込む量を減らそうというのが食事制限になります。

しかし、やってみるとこれが意外に難しい。

たとえば、昼食を軽めにしようと、

「今日からは定食をやめて菓子パンで簡単に済まそう」

と決めたとしましょう。

感覚的にはかなりの軽食に切り換える感じかもしれませんが、菓子パンのなかには一個500キロカロリー以上あるものもあります。カロリー制限したつもりが、逆に以前より多くのカロリーを摂ってしまうことになる可能性もあるのです。

仮に、管理栄養師などの専門家が直々に食事メニューを指導してくれ、きちっきちっと一日150キロカロリー減らすことができたとしたら、一〇〇日（約三カ月）で2キログラム程度の体脂肪減は期待できます。

もうおわかりのように1グラムの体脂肪は7キロカロリーに相当しますから、一日150キロカロリー減れば、脂肪に換算すると、7で割って20数グラム。だいたい毎日20グラム程度は体脂肪が減少できると考えていいのです。たった20グラムですが、一〇〇日では100倍の2キログラムというわけです。

平衡状態から一日150キロカロリーの摂取カロリー減。これを間違いなく実行できれば、三カ月で2キログラム程度の体脂肪減少が期待できると考えていい。

マイナス150キロカロリーというのは、ごはんでいえば茶碗三分の二くらいカットするだけです。〝これならできそう！〟と思うかもしれませんね。

でも、毎日同じメニューを食べているわけでもないでしょうし、ごはんを我慢した分、ついついおかずを余計に摂ったりしてしまう可能性もあり、本当に狙った通りに毎日150キロカロリー減らせるかというと、なかなか難しいものがあります。

それでも、一日一食だけ、ごはんを茶碗三分の二くらいのカロリーを減らせば計算上は三カ月で2キログラムの体脂肪減が実現できるのですから、太り気味という人は、ぜひ工夫してチャレンジしていただきたいと思います。ただし、ごはんだけを減らす、という食事制限は賛成できかねます。その理由は後述します。

いずれにしろ、メタボ予備軍、ちょっと太り気味、お腹が気になり始めたという程度なら、一日あたり150~200キロカロリーを減らすくらいが、ちょうどいいと思います。

ただし、微妙な量だけに、相当工夫しないと計算通りにはいきませんし、実際、減らす量が少ない分、コントロールが難しく、減らしたはずが摂取カロリーを増やしてしまったなんていうことさえありますので注意してください。150~200キロカロリーというのはかなりコントロールが難しい量です。

コツなどというものは特にはありませんが、とにかく、まずは自分自身の平衡状態を確かめることです。体重が安定しているということは、エネルギーの入出力、自分のエネルギー摂取とエネルギー消費のバランスも安定しているという証です。

そこから摂取カロリー減のダイエットをスタートさせましょう。

食事制限は少しより、大きく減らすべきか？

思いきって一日５００キロカロリー減ならば、これは逆にやりやすい。カットするエネルギーが大きいほうが、目標がはっきりしていますので、やりやすいのです。お腹はすきますが、十分に自分自身でもコントロール可能だと思います。つらいですが、ダイエットをしているという意識が強くなるため、実行に移して続けるのは意外に難しくないかもしれません。

少量だけ食事を減らすことのほうが技術的に難しいということが、ここでもわかります。

一日マイナス５００キロカロリーをある程度続けることができれば、大変な効果がありま す。実際にメタボリックシンドローム予備軍の人を対象に、一日マイナス５００キロカロリーの摂取制限をしてもらうという実験をおこなったことがあります。

管理栄養士の指導の下、なかには二カ月で10キログラム近く体重が減ったという人もいました。平均でも5キログラム。一〇日で5000キロカロリー、一カ月で1万5000キロカロリーですから、効果は抜群です。

実際に減った内訳は、脂肪だけでなく水分もあったり、糖質だったりもしますが、メタボリックシンドロームの各症状自体も大きく改善されました。内臓脂肪は半分くらいに落ちましたし、血圧も、血糖も改善されました。

メタボリックシンドロームもしくはその予備軍の人で、ただちに健康な状態にもっていきたいなどといった目標設定がある場合には、まずはこうした食事制限をすることです。実行しやすいですし、500キロカロリー減は可能です。

現実的には、いわゆるダイエット代替食、粉末を溶かして飲むような食事を〝夕食〟に置き換えることになります。こうした食品は、ビタミン・ミネラル・タンパク質などの栄養バランスがとれています。

それでも、たとえば一食あたり180キロカロリーしかなかったりしますから、さすがに

メタボリックシンドロームの判断目安

あなたは、内臓脂肪が蓄積していますか？

ウエストまわり

男性 85cm 以上
女性 90cm 以上

NO → **今のところは大丈夫。**
でも血液中の成分状況によっては、安易な楽観は危険

YES ↓

血中脂質

トリグリセリド値 150mg/dL 以上
HDL コレステロール値 40mg/dL 未満
のいずれか、または両方

血圧

最高血圧 130mmHg 以上
最低血圧 85mmHg 以上

血糖

空腹時血糖 110mg/dL 以上

上記のうち、2つ以上に該当 ↓

メタボリックシンドローム

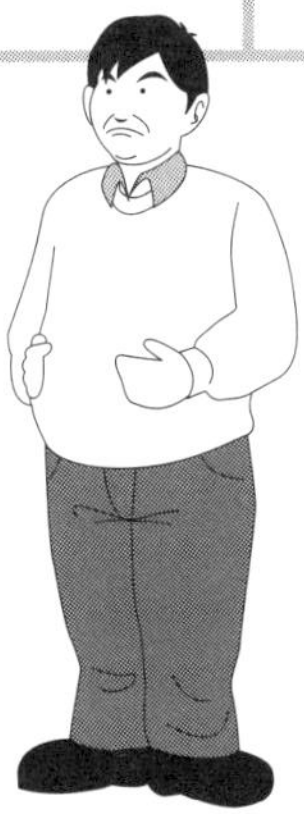

1つが該当 ↘

メタボリックシンドローム予備軍

満腹感はなく、最初は相当につらい。

どうしてもお腹がすいて寝られないときは、低カロリーのビスケットを食べます。噛みごたえがあり、それでいてカロリーが低いものです。そうしたものをうまく利用しながらなんとかしのぐわけですが、一カ月、二カ月と続けられれば確実に効果は出てきます。

体の状態は、ダイエットする前よりも格段によくなりますが、ここでひとつ大きな問題も出てきます。

なぜリバウンドは起きるのか？

一日マイナス500キロカロリーでも、あるいは150キロカロリーという軽いものでも、最初の一カ月は順調に効果が表れてきます。が、その後しばらくすると、急に体重が落ちなくなるのです。

食事制限をして体重を落としても、かならず二〜四カ月後には、その時点の摂取量に合わせた平衡状態がやってくるからです。

特に厳しい摂取制限をした場合は、二カ月目の後半あたりから早くも体重が落ちなくなることもあります。

内臓脂肪も落ち、メタボ状態も改善されるわけですが、それを維持していくには、この食事制限を一生続けなければならないということになります。

ダイエット代替食を夕食に食べていた人であれば、一生、夕食はダイエット代替食でなければこの平衡状態が保てないということです。なぜなら、そのおかげで平衡状態になったのですから。

間違いなく体重は減りました。内臓脂肪も減りました。

しかし、筋肉も減ってしまったのです。

摂取エネルギーが少ない状態では、生きにくいため、体が当然の反応をしたわけです。大きな筋肉、たとえば背中の筋肉や足腰の筋肉がいち早く落ちる傾向にあります。

筋肉が減ったことで、基礎代謝が下がった体にシフトチェンジし、体が省エネ化してしまったともいえます。人間の体は食べ物が少なくなると、それでも生き抜いていけるようなシステムに変わっていくのです。

その状態で、普通の食事、摂取制限前の食事に戻すと、たちまちリバウンドしてしまいます。平衡状態が崩れるのですから当然です。

場合によっては、ダイエット食を続けていてもリバウンドしてしまうことさえあります。

摂取できるエネルギーが少ないと、体がどんどん省エネ状態になっていきますから、よりエネルギーを蓄えようという反応も起きるのです。

リバウンドすると、どうなるのでしょう。

リバウンドしても元通りになるだけ、と思ったら、それは大間違い。リバウンドでは圧倒的に脂肪が付きやすいのです。

筋肉は使わないと増えません。対して、脂肪は余剰なエネルギーを貯めるには効率がよく都合がいいのです。

体に付く脂肪1グラムは7キロカロリーに相当します。糖質その他は1グラムあたり4キロカロリーですから、脂肪のほうが倍近くエネルギーを蓄えることができます。ですから、余剰なエネルギーは脂肪として付きます。人間の体はそのようにできているのです。

リバウンドした分は、ほとんど脂肪です。

ダイエット前と同じ体重でも、筋肉が減って脂肪が増えるのですから、太りやすい体になったということ。ダイエットする以前よりも状況が悪くなる、という事態に直面してしまうわけです。

お断りしておきますが、食事制限を優先したダイエットをすることは、決して悪いことではありません。ただ、うまく事が運んで成功し、体の状態が改善されたら、そこから少しずつ食事を戻しながら、その分、運動量を増やす方向にもっていくというのが最大のポイントなのです。そうやって、改善された状態の平衡を保つ。それしかありません。

ですから、やはり急激な食事制限は、それがどうしても必要な場合でも、医者から指示を受けられないなら、避けたほうがいい。いや、避けなければなりません。

いずれ元に戻ってしまうような減らし方は、中長期的には太りやすい体をつくっているだけという場合も少なくないのです。

低〝脂質〟ダイエットと低〝糖質〟ダイエットのちがい

では、ゆるやかな摂取制限をするとして、何を減らすべきかという問題が出てきます。この項では、ダイエットの内容に話を移しましょう。

ごはんを抜こうか、油物を抜こうかなどといった問題です。これには諸説ありますが、極論すれば、糖質を抜くか、脂質を抜くかということになるかと思います。

糖質を減らす「**低糖質ダイエット**（アトキンスダイエットも同義）」か、脂質を減らす「**低脂質ダイエット**」か、という二者択一の問題と考えてもいいでしょう。どちらも非常によく知られたダイエット手法ですが、その理屈をかいつまんでお話ししておきましょう。

まず、その前提となる部分について説明します。

栄養学の分野では、脂質は1グラムあたり9キロカロリーの熱量があると考えます。前述したように体脂肪は7キロカロリーですから、こちらのほうが少々多い。体の中の脂肪は不純物を含んでいますが、食物の脂質はてんぷら油にしろ、オリーブオイルにしろ、純粋な脂質ですから、より熱量が高いのです。

そして糖質は1グラムあたり4キロカロリーです。

ちなみに人間にとってエネルギー源になる栄養素は三つに限られており、もうひとつの栄養素、タンパク質も1グラムあたり4キロカロリーです。

純粋な栄養素として見た場合、脂質は他の二つに比べて、2倍以上のエネルギーを持っていることがわかります。体が求めるエネルギー源としては、脂質を摂り、蓄えるほうが断然効率がいいのです。ですから、人は脂質をおいしく感じるわけですね。特に、多くのカロリーを必要とする若い人が脂っこいものを好むのにはこうした理由があります。

糖質にも、エネルギー源として脂質よりもたいへん優れている特性がひとつあります。分解されやすく、すぐにエネルギー源になるという点です。すみやかにエネルギーを供給するなら、断然、糖質です。

糖質はすぐに分解され、細胞のエネルギー源となるATPをすみやかに供給します。逆に脂肪は貯蓄効率のよさに反し、燃えにくいのです。最終的にATPを生成するまでに、かなりの手間がかかります。

「ATPって何？」という疑問もあるでしょうから、ごく簡単に説明します。

この物質は、化学エネルギーの通貨ともいわれ、これこそが直接的なエネルギー源なのです。ATPが供給されることによって、体の細胞が機能します。

食物を摂取すると体の中で消化吸収され、栄養素として分解されます。その際の反応によって得られるエネルギーがATPを合成します。糖質は分解されてすぐにATPを生じますが、それに比べ、脂質からはさまざまな過程を経ないとATPが得られません。

素早くエネルギーが得られる糖質。貯蓄効率がいい脂質。

栄養素としての二つの違いを理解いただいたところで、糖質を減らすべきか、脂質を減らすべきかを考えていきましょう。

低脂質ダイエットは簡明です。カロリーの高い脂質を減らそうという理屈は非常にわかりやすいと思います。**動脈硬化を招くトランス脂質（マーガリンなどの加工食品に含まれる）の存在もあり、脂質の摂取を抑えることは間違いなく意味があります。**

一方、低糖質ダイエットは、砂糖や炭水化物を減らしましょうということですが、原理的には少し複雑です。

「代謝されやすい糖質を制限し、代謝されにくい脂質を制限しないことが、最終的に脂質代謝を高めることにつながり、体脂肪を減らす」

このような理屈になります。

提唱者である故アトキンス博士が、「糖質を摂取することは、余剰の糖質からの体脂肪の合成を助長する」としている点から、「低インスリンダイエット」とも通じるところがあると考えていいと思います。

原理をごく簡単に説明しましょう。

糖質を摂ると血糖値が上がります。血糖が上がると、膵臓《すいぞう》からインスリンが分泌されます。インスリンは血糖を下げる働きをしますから、血糖は元に戻ります。

インスリンはどうやって血糖を下げているのかというと、血液中の糖質（グルコース）を筋肉、肝臓、脂肪などの組織に取り込ませる働きを果たしているのです。インスリンがやってくると、これらの組織は、盛んに血液中からグルコースを取り込むようになる。すると血液中のグルコースが減りますから、その結果、血糖値が下がるということになります。

問題は、グルコースが取り込まれる先には、筋肉や肝臓だけでなく、脂肪も含まれるということです。それによって、脂肪がどんどん合成されていくわけです。

血糖を上げないために、あるいは脂肪を合成させないために、糖質の摂取を制限しようというのが、低糖質ダイエットの概要です。

脂質の摂取制限は一切ありません。

脂肪を栄養素として吸収しても、そのまま脂肪細胞が働いて脂肪を合成する（太る）わけではないから、という考え方です。

確かに、栄養素として摂取した脂肪は、まず肝臓に行き、そこから血液中を移動し、体の各組織の細胞をつくる材料になったりエネルギー源になったりします。

さて、この考え方がどこまで正しいのか、じつは正確にはわかっていません。しかし、脂質に関しては一切気にしないどころか、むしろ積極的に摂ろうという提唱もなされました。

たとえば、オイル、ナッツなどの油の中にはビタミンEなどが含まれています。ビタミンEには抗酸化作用がありますので、その意味では確かに、脂質は体の細胞を活発にし、老化を防ぐという効果が期待されます。

では、実際のダイエット効果はどうなのか、ハーバード大学で調べた結果があります。同カロリーで低糖質ダイエットと低脂質ダイエットの効果を比較したところ、前者が六カ月で約2倍の体脂肪減量効果を示したとしています。しかし、期間を一年間に延長すると、最終的に両者の間に差がなくなることも報告されています。

まとめると、より効果が認められるのは、短期的には「低糖質ダイエット」、長期的には「低脂質ダイエット」と解釈しておくのが妥当と思われます。

糖質摂取とインスリンの作用

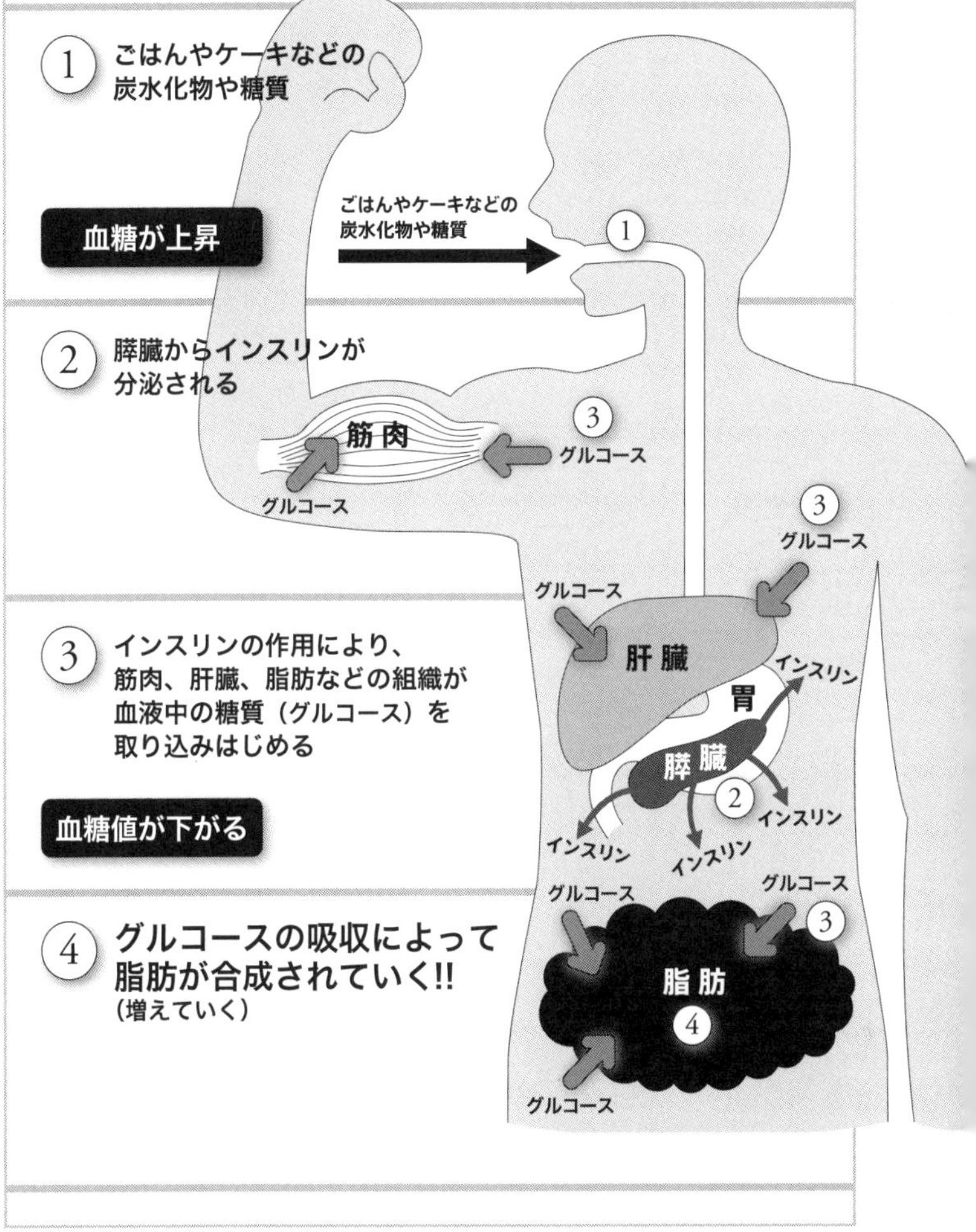

1 ごはんやケーキなどの炭水化物や糖質
血糖が上昇
ごはんやケーキなどの炭水化物や糖質
1
2 膵臓からインスリンが分泌される
筋肉
3
グルコース
グルコース
3
グルコース
グルコース
肝臓
インスリン
胃
3 インスリンの作用により、筋肉、肝臓、脂肪などの組織が血液中の糖質（グルコース）を取り込みはじめる
膵臓
2
インスリン
インスリン
インスリン
血糖値が下がる
グルコース
グルコース
3
4 グルコースの吸収によって脂肪が合成されていく!!
（増えていく）
脂肪
4
グルコース

低糖質ダイエットの欠点

しかし、話はそう簡単ではありません。

短期では低糖質ダイエットが効果的と聞くと、まずは炭水化物や砂糖などを積極的に避けて……、と短絡してしまいそうですが、低糖質ダイエットには明らかな欠点、デメリットがいくつかあります。

まず、最初に挙げられる点は、**糖質（グルコース）が不足すると脳がエネルギー不足と判断してしまう事実です**。脳の神経系にとって、グルコースは欠かせないエネルギー源であり、それが足りないと体が飢餓状態にあると判断してしまいます。

すると、**蓄えていた体脂肪をなるべく使わないよう脳が指令を出します**。脂肪はエネルギー貯蓄にいちばん効率がいい組織ですから、これを維持して少しでも生きのびようとするのです。さらに交感神経の働きを下げ、体の活性を低くし、エネルギー消費を減らしてしまう。ですから、体温も下がります。

体全体がだるくなり、頭もボーッとしてきます。最近、チョコレートが受験生の試験場での必須アイテムとして注目されていますが、理屈もしっかり通っているということになります。

不機嫌にもなります。これは、心理的ムードに影響する〝セロトニン〟という脳内物質の分泌を下げるためと考えられています。余談ですが、女性はセロトニンの分泌が少なく、安定した情緒を保つために甘いものが必要なようです。

さらに問題なのは、筋肉の合成の問題です。糖質不足によってインスリンの分泌が抑制されてしまいますから、筋肉が合成方向に向かいません。

じつは、筋肉というのは、常に合成されたり分解されたりしている組織です。

常に分解されている部分と合成されている部分があって、それが相殺されて見た目には何も変わっていないように見えるだけなのです。あるところで分解され、あるところでは合成され、それによってバランスが保たれることで安定しているのです。

低糖質ダイエットによる弊害

炭水化物や糖分の摂取を過度に減らすと、
糖質（グルコース）が不足するため、
脳がエネルギー不足と判断してしまい……

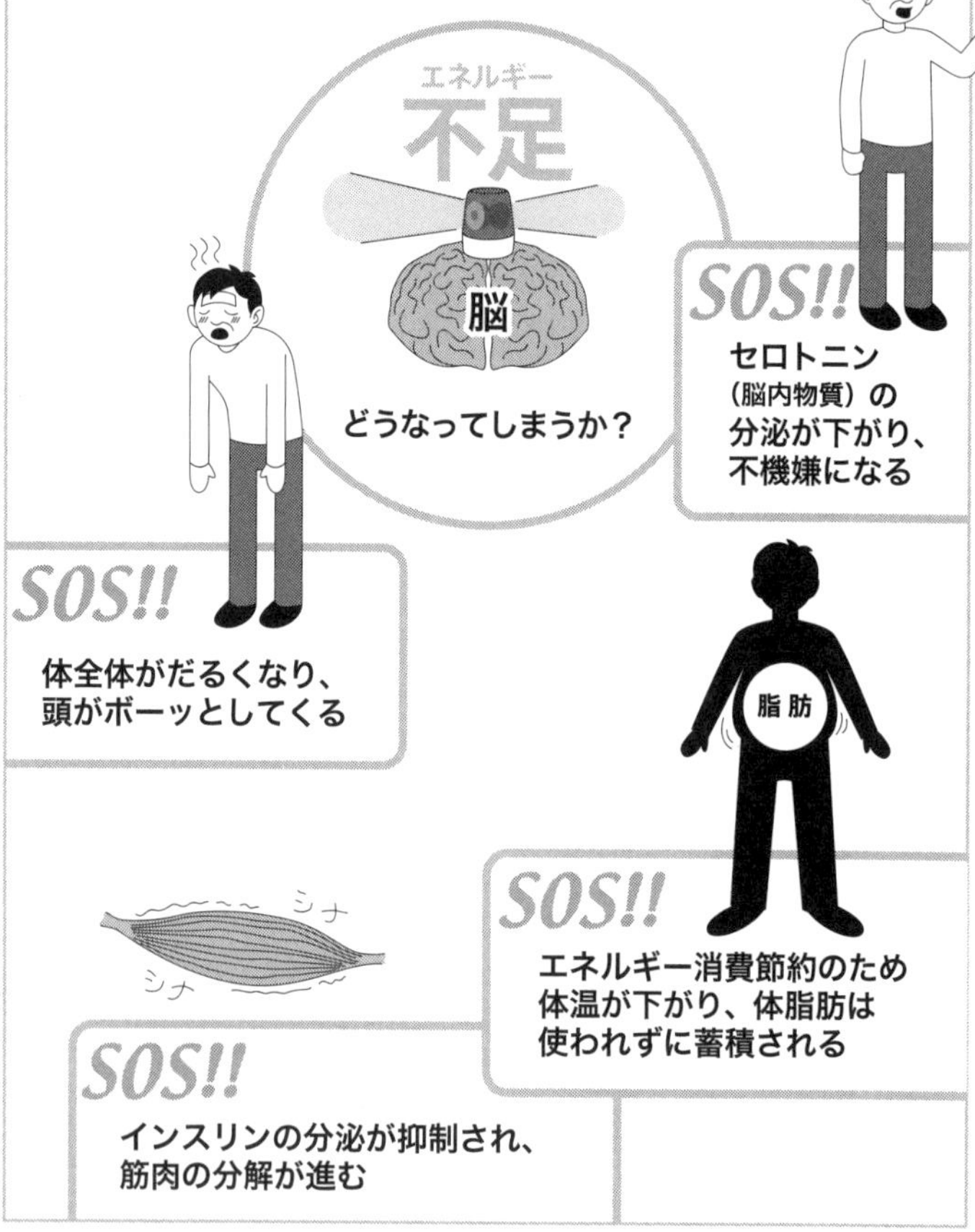
エネルギー
不足
脳
どうなってしまうか？
SOS!!
セロトニン
（脳内物質）の
分泌が下がり、
不機嫌になる
SOS!!
体全体がだるくなり、
頭がボーッとしてくる
脂肪
SOS!!
エネルギー消費節約のため
体温が下がり、体脂肪は
使われずに蓄積される
シナ
シナ
SOS!!
インスリンの分泌が抑制され、
筋肉の分解が進む

また、食料が不足（と判断）し、筋肉を動かさない（使わない）としたら、せっかく貯め込んだ脂肪やグルコースを燃やしてATPをつくるより、エネルギーの最大消費者である筋肉そのものを減らしてしまうほうが体の反応としては自然です。筋肉そのものを分解してエネルギー源として使えば、蓄えた脂肪やグルコースの節約にもなり一石二鳥だからです。

食料が不足した状態、もしくは脳がそう判断した状態が続くと、筋肉の分解が一気に進んでしまう恐れがあります。

中年以上の人が、ごく普通の生活をしているとき、筋肉はどちらかというと分解のほうに傾いています。じわじわと筋肉は分解されているのです。一日三食という生活であれば、食事と食事の間に、筋肉は分解の方向に向かっています。

そして、食事を摂るとその瞬間、筋肉のタンパク質は合成の方向に転じます。

食事を摂ることによって、筋肉が合成される方向にシフトチェンジするのです。食事そのものが、エネルギー的な余剰効果をもたらすからだと考えられます。そして、合成に転じる際に働くのが、インスリンです。

前述したように、インスリンというホルモンは、筋肉にグルコースを取り込ませ、タンパク質の合成を促します。食事をしたときに血糖が上がって、インスリンが分泌されることによってこれが下がり、同時にタンパク質が合成されるという過程がしっかりカバーされていないと、筋肉はキープできません。

こう考えると、極端な低糖質ダイエットは、筋肉の分解をより進めてしまうダイエットとさえいえるのです。

ですから、**食事制限をする場合でも、ごはんやパンは一切食べないなどという主食抜きダイエットはいけません**。主食抜き＝極端な低糖質ダイエットになってしまう場合が多いので、くれぐれも注意が必要です。食事はバランスよくといわれますが、減らす際もバランスよく。これが大切です。

前章で述べたように、そもそも肥満と減量の関係は、シンプルに、エネルギー論的に考えるべきものです。

物理学の基本法則に「エネルギーは形を変えても消滅はしない」というものがありますが、これに則《のっと》れば、体脂肪が貯まっていくのはあくまでもエネルギー摂取がエネルギー消費を上回っていることに原因があります。

減量するためには、この関係を逆にすればよいというのが基本です。摂取する食品が糖質であろうが、脂質であろうが、カロリーという数字にすれば違いはありません。

この〝エネルギー保存の法則〟の上に、「脳や筋肉にとって糖質は不可欠」という条件が付加されるのです。

世間で広く喧伝されている「太るから甘い物を食べちゃいけない、控えなさい」という通念が、じつはたいへんな誤解を招くものだということがおわかりいただけるかと思います。

糖分の摂取は、むしろ必須です。

余分なものはカットしていいのですが、極端に抜いてしまうと弊害を生じる危険性があります。

一日の摂取カロリーが同じなら間食は効果大

食事をすると筋肉の合成が高まるのですから、総摂取カロリー量が同じという条件下では、食事の回数を増やしたほうがいいというのは、まことに道理を得ています。

ダイエットに間食は厳禁だということが、よく常識のように語られますが、**あくまで通常の食事にプラスして間食を摂るのがダメなのであって、カロリーベースで一日の摂取量が変わらないとしたら、間食もおおいに結構。**むしろ勧めたいぐらいです。

なぜか。食事の回数を増やした分だけ、筋肉の合成は進むからです。これを経験的に知っているボディビルダーたちは、昔から食事を細かく分けて摂っています。

たとえば、通常の三食に加えて、10時のおやつ、3時のおやつを入れて、一日五食とすれば、筋肉の合成が一日5回になる。筋肉は確実に合成の方向に向かいます。朝食や夕食を抜いて一日二食では、一日トータルでみると筋肉は分解の方向に向かってしまう可能性が高いのです。

仮に一日2000キロカロリーを三食で摂取している人が、二食で同カロリーを摂ったとすれば、筋肉は分解方向に向かい、三食のままで平衡状態、四食から五食に分ければ、その分だけ合成方向に向かう可能性があります。筋肉に「食いだめ」は利かないのです。

筋肉が減れば、基礎代謝が下がりますから、食事抜きや一日二食という食生活は、わざわざ太りやすい体になるための食習慣といえます。

食事内容を見直し、必要があれば適度に量を減らすのは大賛成ですが、食事回数を減らしてはいけません。生活パターンとして可能ならですが、合計の摂取カロリーが同じなら食事回数は増やすべきです。

朝食抜きの一日二食という学生やサラリーマンも多いようですが、少なくとも、三食摂る食生活に改めていただきたいと思います。特に、**朝食を抜くと、筋肉が分解される時間が非常に長くなってしまいますし、朝、空腹のまま活動を開始すると血糖が低下し、午前中の活**

動量が低下するため、エネルギー消費量そのものも低下してしまいます。仕事にもマイナスの影響を及ぼすでしょう。

"a peace of cake"という英語の慣用句をご存じですか。直訳すれば一片のお菓子という意味でしょうが、「朝飯前」というニュアンスで使われます。朝食の前にお菓子を一口。なかなか理にかなった言い回しだと感心してしまいます。

食事の効用としては、食事というその行為自体が筋肉を合成に向かわせる以外にも、あと二つ挙げられます。

ひとつは「食事誘発性熱生産」という効能。食事をすることでエネルギーが消費されるのです。食事をすると体温が上がるのを感じると思いますが、まさにそれです。二つめは、食事として摂取したタンパク質が、筋肉の材料として吸収される点で、これも見逃せません。

タンパク質が筋肉をつくる

単純に考えれば、筋肉のためには、筋肉を食べればいいというのは、いちばんわかりやすい理屈かと思います。いわゆる「肉」の摂取ですね。

細胞の組成が似ていますから、肉の積極的な摂取は正解なのですが、かならずしも肉でなければならないというわけではありません。たとえば、「卵」「魚介類」「乳製品」などは成分としてかなり似ていますので、筋肉に極めて近いと考えていい。

どうしても動物性のタンパク質が摂れないという人は、「大豆」でもまったく問題ありません。アミノ酸組成として大きく違うわけではないからです。とにかく、いわゆる「良質なタンパク質」を摂ればいいのであって、肉が嫌いな人は豆腐でも納豆でもかまいません。

理想を求めるなら、筋肉に近いアミノ酸組成を持っている肉や乳製品を、ということにはなりますが、必須というわけではありません。可能ならば、という程度です。

実際、サプリメントとしてのプロテイン（タンパク質）の出所も主として二種類あり、ひとつは大豆です。大豆からタンパク質を精製し、大豆では少し不足しがちなBCAA（分岐鎖《ぶんきさ》アミノ酸）などを添加して、筋肉の組成に近いように加工されています。

BCAAについても簡単に説明しておきましょう。

体の中のタンパク質を構成しているのは20種類のアミノ酸です。多くのアミノ酸は体内で酵素の作用によって合成されますが、そのうち9種類のアミノ酸については、体内で合成できないので、食事から摂るしかありません。この9種類のアミノ酸を「**必須アミノ酸**」と呼んでいます。

そのうちの三つは筋肉のタンパク質の主成分となっています。バリン、ロイシン、イソロイシンです。この三つを合わせてBCAAと呼びます。この三つのアミノ酸は、枝分かれするような分子構造をしているため、Branched Chain Amino Acid（＝分岐鎖アミノ酸）と呼ばれています。

乳清からつくるプロテインにはBCAAの添加はほとんど必要ありません。そもそもの組成が筋肉に近いからです。なお、商品化されているプロテインはBCAAの含有量を表示しているはずなので、参考にしてみるのもよいでしょう。

さて、タンパク質を摂ると、前述した糖質、インスリンの働きも得て、筋肉のタンパク質の合成という過程につながるわけです。そもそもタンパク質を合成するための材料がないと、合成されようがありませんので、その材料としてのタンパク質を十分に摂取しておくことは大切です。さらに、BCAAのうちロイシンには、筋肉のタンパク質合成を促す直接作用もあります。

しかし、だからといって、摂取したタンパク質が、かならず筋肉の材料になるとは限りません。まず、胃や小腸で吸収されて、アミノ酸に分解されます。その後、血管の中に送られるのですが、その過程でかなりの「マージン」が取られてしまうのです。小腸そのものが働くためにも、タンパク質を必要とするからです。

しかも小腸という器官は、どんどん表面がはげ落ち、そのつど新しい細胞をつくっていく非常に活発な組織です。ですから、アミノ酸がたくさん必要になります。他の組織へ渡す前に、まず自分で取ってしまうわけです。必要な分だけ使い、余ったものを他に回すと考えればわかりやすいかと思います。

さらに、血中に入ったアミノ酸は、門脈《もんみゃく》という血管を通って肝臓に行きます。肝臓で検査を受けるのですね。肝臓は解毒作用の中心臓器です。体に悪いものが血液に入って全身を巡っては困るということで、摂取した栄養物をチェックするわけです。必要であれば解毒作用を施します。そのとき、肝臓でもマージンを取られてしまいます。肝臓も代謝が激しい組織で、細胞が死んではすぐに再生するということをくり返しています。肝臓を通過し、残ったものがようやく体の各所に送られることになります。

筋肉の観点から見ると、最終的にアミノ酸をもらうまでに、かなりのマージンを取られていることがおわかりいただけるでしょう。ですから、**タンパク質は意識的に多く摂らないと、十分な筋肉にはならないのです**。摂ったつもりでも、そのほとんどが筋肉の材料になる前に、使われてしまう可能性があるからです。

とはいえ、一度に摂り過ぎれば小腸で消化しきれないこともあります。一度に大量のタンパク質を摂っても消化されず、少ししか摂らないとほとんどマージンで上前をはねられ、筋肉の材料にならない。そこで、小腸、肝臓が満足しているときに、もう一回食事をするという方法を、ダンベル体操で有名な鈴木正成先生が提唱されています。

小腸や肝臓が栄養的に満足しているのは、だいたい食事の三時間後。だとすると、3時のおやつ、10時のおやつといった昔からの習慣は、じつに辻褄が合います。

一日のカロリー総量が増えない範囲で、通常の食事の三時間後に良質のタンパク質と糖質を含んだ何かを食べればいい、という考え方にたどり着くわけです。単なる習慣かと思われていた3時のおやつにも、意外なくらい根拠があるのかもしれません。

間食のススメとはいっても、カロリー総量以外に、「栄養価の高いもの」という条件も付け加えておきたいと思います。

さまざま〝やせ薬〟の仕組み

エネルギー保存の法則から、何かを食べるだけでやせるということはありえないことは、すでにおわかりいただけたと思いますが、〝やせ薬〟的なものは存在します。誤解がないよう、そのメカニズムを簡単に解説しておきましょう。

たとえば、小腸での食べ物の吸収を抑えるものや、吸収そのものの効率を悪くしてしまい、食べた物を無駄に排泄させてしまうものなどがあります。ここでは、最近注目されているカルニチンを取り上げて説明します。飲料、ゼリー、サプリメントなどに含有されているものがあるようです。

カルニチンは、脂質を代謝されやすくする作用があるとされています。働きとしては、脂質を代謝してエネルギーをつくるミトコンドリアという細胞中の小器官に、脂質を運び込むための物質です。カルニチンをたくさん摂取すると、ミトコンドリアの中に脂肪が運び込まれやすくなり、その結果、燃やされやすくなるというわけです。

ちなみに、カルニチンは、アメリカでは薬品としてしか使われません。そういう物質であることを念頭に置いておいてください。

薬になるほど効能が高いなら言うことなし、と思われるかもしれませんが、脂肪を分解したとしても、それがエネルギーとして使われなければ最終的には減りません。さらに、運んだ先がすでにいっぱいだったら、いくら運ぼうとしても運びきれないという場合もあります。

つまり、カルニチンを適量摂取し、その上で、しっかり有酸素運動をして、はじめてその効能が発揮されるということです。

飲んだだけでジッとしていれば、脂肪が燃えてくれるという虫のいい話はないのです。動いたときに、脂肪を積極的にエネルギーとして使ってくれる効果が期待できる、という言い方がより正確でしょう。

次に、カフェインとフォースコリン。フォースコリンはキノコ毒の一種に含まれるものです。この二つは、体脂肪の分解を促すような作用を持続させる働きがあります。

ここでアドレナリンについて、お話しておきましょう。交感神経が活性化されると、脂肪が分解されやすいというのは前述した通りですが、交感神経が活性化されると、副腎《ふくじん》からアドレナリンというホルモンが分泌されます。それが脂肪細胞に働きます。

アドレナリンは、前述のβ3アドレナリン受容体に結合します。すると細胞内のリパーゼという酵素が活性化して、中性脂肪が脂肪酸とグリセロールに分解されるのです。

カフェインやフォースコリンは、このリパーゼを持続的に活性化させます。

さて、カフェインは、ご存じのように紅茶やコーヒーに入っていますが、フォースコリンは純粋な薬物で、カフェインより強烈です。持続性が強く、死に至るくらいの毒性があるものです。さらには、脂肪の分解を持続させる以外に、アドレナリンが作用するすべてのところで作用を及ぼしますので、体にさまざまな悪影響が及ぶ可能性もあります。

いずれにしろ、基本に立ち返ってみるとすぐにわかることです。いくら脂肪の分解ができたとしても、体を動かしてエネルギーを使わなければ脂肪は代謝されないのです。

最終的に、エネルギー消費を抜きにして話はできません。

しかし、この**最終的なエネルギー消費を高めてあげる商品もじつは存在します**。**カプシエイトです**。ご存じカプサイシン同様に唐辛子のエキスですが、辛くはありません。交感神経を活性化し、体の熱生産をダイレクトに高める働きがあります。カプシエイトを摂取することで体は熱くなって汗をかく。エネルギー的にいうと熱を生産しているので、エネルギーを使っているということになるのです。

実際に基礎代謝量を測ると、上昇することがわかっています。カルニチンのように脂肪の運搬を効率化するのではなく、熱生産を高めて直接的に代謝を上げます。

カプサイシンにも同様の働きがありますが、こちらは非常に辛い。辛いものは胃腸障害を引き起こしたりしますし、辛いのが苦手な人は摂れません。それに対してカプシエイトは、熱生産を高めて代謝を上げますが、辛くはないものです。

よくある誤解ですが、辛いから汗をかくとか、辛いから熱くなってくるというのは錯覚であり、間違いです。辛さと熱生産は無関係。その証拠に、たとえば西洋辛子は辛いけれども汗をかかない。辛いから脳が反応して汗をかくのではないのです。

しかも、カプシエイトは辛くないのにカプサイシンよりも熱生産を高める効果が認められています。

ほかにも、〝体脂肪を分解〟などと効能が書かれたサプリメント類が多く発売されています。こうしたものについては、その成分については情報が開示されているはずですので、内容を吟味したうえで、目的に合ったものをあくまでも補助的に取り入れる程度に利用するのがいいでしょう。

[3時限目]

THE THIRD PERIOD

運動による
賢いカロリー消費術

運動不足と諦めず、できることから始める

現代人は総じて大変に忙しく、運動不足を自覚しています。なかなか運動のための時間が取れない――そんなふうに悩んでいる人が多いようです。

「運動で体脂肪を燃やしたいけど無理かな」

「消費を上げて体のエネルギー収支を赤字にしたいけど無理だから、摂取（食事）制限を中心にするか」

などなど……。

また、本書をここまで読んでこられた方々のなかには、

「運動による代謝が基礎代謝より少ないのだったら、無理して運動をやる必要もないな」

そんなふうに考えはじめる人もいらっしゃるかもしれませんね。

確かに、改まって運動らしい運動をするのは大変かもしれません。一日をトータルすれば、活動代謝より基礎代謝のほうが、代謝量が多いのも事実です。

しかし、そもそも運動をそう難しく考える必要はないのです。

運動というと、ジョギングやウォーキング、フィットネスクラブのエクササイズのようなものを思い浮かべてしまいがちですが、たとえば、家事だって立派な運動です。掃除、洗濯、買い物……。買い物ならいつもより遠いスーパーまで行くとか、自転車ではなく歩いて行くとか、運動量を普段より多くする努力をしていただければいいのです。

サラリーマンなら、通勤そのものが運動ですし、駅やオフィスでエレベーターを使わずに、階段を利用するというくらいの努力なら容易にできるかと思います。オフィスの中を万歩計を付けて歩き回るのも大賛成です。

毎日の生活の日常的な動作のうち、どこから先を運動とするかは、人によって捉え方がかなり違ってきます。実際に、どんな動作からを運動というのかは極めて曖昧です。

ジョギングなどの運動らしい運動ができなくても、あなた自身、すでにそれなりの運動をしている可能性は十分にあります。運動という言葉が持つイメージから、そういう錯覚に陥りやすい傾向がありますので、もう少し気楽に考えてみてください。

無理して運動というより、〝活動量を増やす〟という感覚でいい。そう考えれば、運動の機会は日常生活の中にもごろごろと転がっているように思うのですが、いかがでしょう。

少なくとも歩くのは立派な運動です。

なんらかの運動で一週間あたり2000キロカロリーを消費していれば、心筋梗塞にかかるリスクが半分になるという医学統計データもあります。

これは、よくいわれている「一日8000歩から1万歩、歩きましょう」というものと、そのままリンクします。体重、歩幅などによって多少変わってきますが、毎日8000歩から1万歩歩けば、一週間では2000キロカロリー以上のエネルギー消費量になると考えられます。

ですから、「一日1万歩運動」の効果は、エビデンスすなわち医学的な〝根拠〟があると言っていいのです。すでに一日1万歩の習慣が身に付いている人は、心筋梗塞のリスクを減らす運動を実行できていると解釈することができます。

体脂肪が消費される運動、消費されない運動

身近な運動を見つける。

日常生活の中でできる、ちょっとした運動を探す。

可能なものを探して、実行し、活動量を増やす。

極論すれば、これだけでも十分です。

多くの場合、とりあえず歩くか、ということになりそうですが、歩くという行為は運動の強さとしては低いわけです。強度が低いので、ある程度の時間が必要になりますし、距離も必要になります。しかし、もっと強い運動であれば、時間は短くてもエネルギー消費量という面では同様の効果が見込めます。

運動によるエネルギー消費量は、「強さ×時間」で考えます。

ですから、運動がきついと思う人は、ゆるい運動を長時間やればいいし、きつめの運動ができる人なら、短時間でも同じエネルギー消費量が見込めるということになります。

ただし、体脂肪を落としたいという目的になると、少々話は違ってきます。

運動（強さ×時間）の数値が同じであっても、運動の仕方によって効率的に脂肪を減らせたり、そうでなかったりするのです。どうせ運動するのなら効果的にやりたいもの。そこで、体脂肪を落とす運動とは何かについて、考えていきたいと思います。

若い人や運動経験がそれなりにある方だと、どうしても強めの運動を好むものです。だらだらとウォーキングするより、ジョギングをしたい。どうせジョギングするなら、少しでも速く、ということになるかもしれません。その人にとって精一杯のジョギングが、生理学の分野では「**100パーセント最大酸素摂取量**」の強さということになります。

ちなみに、最大酸素摂取量の値が高ければ高いほど、運動能力（持久力）が高いということになります。この数値は一分間でどれだけの酸素を体内に摂り入れることができるかを表したもので、正確な測定には専門的な設備が必要になります。フィットネスクラブなどで自転車エルゴメーターやランニングマシンで簡易に測れるものはあくまで推定値です（脈拍からも推測することはできます）。

もう少し具体的にイメージできるように言い換えましょうか。1500メートルを思いきり走ったとします。ごく一般の人ならおそらく五～六分が限界だろうと思われますが、走りきった後はバタッと倒れて動けない、それくらい目一杯の強度。もう余力なしという状態です。

この運動中、体に摂取した一分あたりの酸素量が、100パーセント最大酸素摂取量にほぼ相当するといえます。この運動の強度が、その人にとっての有酸素運動の範囲の限界。100パーセントの強さということになります。

運動を徐々に強くしていくと、その強さに合わせ体の酸素需要は高まり、酸素摂取量が増加します。しかし、もうこれ以上は無理という極限まで達すると、酸素摂取量はそれ以上増えません。その量が、最大酸素摂取量というわけです。

さて、五～六分が限界の人が、今度は同じ1500メートルを倍の一〇～一二分で走るとしましょう。すると、運動の強度は半分、つまり50パーセント最大酸素摂取量ということになります。

総エネルギー消費量は「強さ×時間」ですから、どちらも同じ。ところが、脂肪の落ち方は相当に違ってくるのです。

すでに述べたように、運動でも基礎代謝でも消費されるエネルギー源は、「脂肪5：糖質5」の半々が基本。ところが、１００パーセント最大酸素摂取量の有酸素運動では、消費される95パーセント以上は糖質となります。**有酸素運動は脂肪を燃焼する運動ではありますが、100パーセント最大酸素摂取量での有酸素運動の場合、使っている脂肪はごくわずかで、ほとんどが糖質なのです**。そこから運動の強さを半分にすれば、消費されるエネルギー源は脂肪と糖質で半々になります。

この話をすると、驚く人がたいへんに多い。できるだけ頑張って運動すればするほど脂肪も減るものだと、世の中の多くの人が誤解しているのですね。実際にはそうではなく、ジッと座っているときも含めて、日常生活の中では糖質半分と脂肪半分の割合で使っている。

安静時から、50パーセント最大酸素摂取量の運動までの間は、脂肪はエネルギー源の半分であり、それ以上頑張って強い運動をするとだんだん糖質のほうが使われる比率が増え、脂肪は使われないようになっていくのです。

運動を軽くして、たとえば40パーセント最大酸素摂取量とか30パーセントでもエネルギー源の比率は変わりません。基礎代謝（安静時代謝）であっても半々ですから当然です。

ということは、運動時間と脂肪燃焼率のことを考えれば、50パーセントの運動強度がいちばん効率がいいということになりますね。それよりも運動の強さが強くなってくると、時間は短縮できますが、脂肪の消費量も減ってくる。脂肪を減らすという目的でいうと、効率が悪いのです。70パーセント最大酸素摂取量の強さまでの運動なら、なんとか有酸素運動のメリット、体脂肪の減少を享受できますが、それ以上に強く、きつい運動では、その効果が加速度的に減っていきます。

時間が許すなら、あるいは、ゆるい運動のほうが長時間できるというのなら、もっとゆるい運動でもいい。**50パーセントの運動強度以下の軽い運動で、「強さ×時間」の値が最も大きくなる運動が、その人にとって体脂肪がいちばん消費できる運動**ということになるのです。

頑張って強く、速く運動するのではなく、逆に、頑張って長く、そしてゆっくり運動することが、脂肪を消費する上では重要ということになります。物足りないくらいでちょうどいい、ゆるい運動でかまわないということ。脂肪を減らすためには、物足りなくても我慢しなければなりません。

ここまでご理解いただいたところで、確認のために具体例を挙げて整理しておきましょう。

1時限目で述べた軽いジョギング（50パーセント最大酸素摂取量以下のジョギングという意味です）による消費カロリーは、「体重×距離」（52ページ参照）。これをとりあえず思い出しておいてください。

さて、体重80キログラムの人がいたとしましょう。その人が、今、うんと頑張って100パーセント最大酸素摂取量で1500メートルを走ったとします。その場合、どれだけエネルギー消費したかというと、「体重×1・5」で、約120キロカロリー消費したことになります。ただし、減った脂肪はほぼゼロ。120キロカロリーのすべてが糖質によってまかなわれたと考えるべきです。

運動強度が半分の50パーセント最大酸素摂取量の速度で走った場合も、エネルギー消費量は同じく120キロカロリーです。しかし、エネルギー源の内訳としては、半分脂肪、半分糖質です。ということは、60キロカロリー分は脂肪がエネルギー源ということになります。

効果的な脂肪燃焼

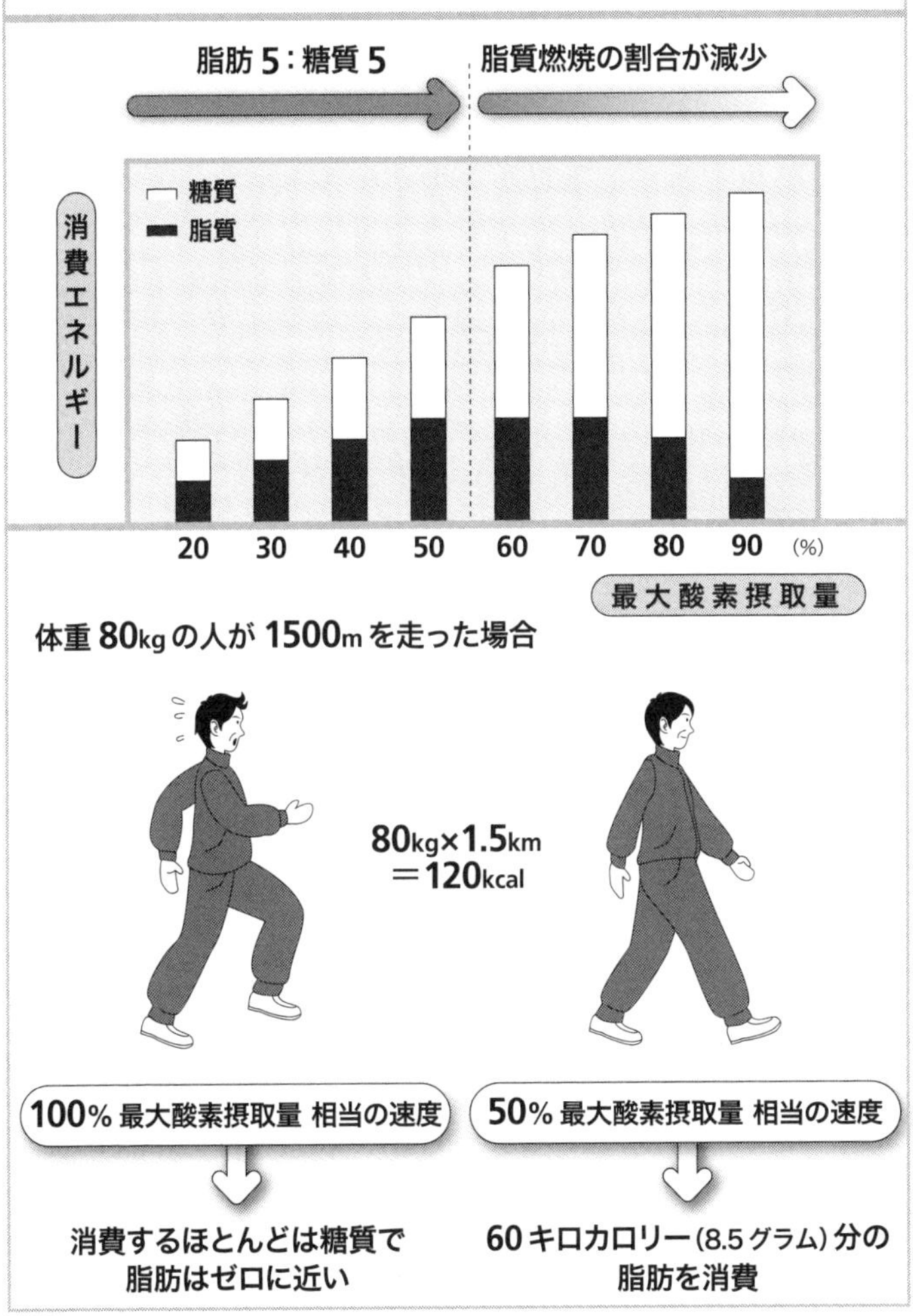

脂肪 5：糖質 5
脂質燃焼の割合が減少
糖質
脂質
消費エネルギー
20 30 40 50 60 70 80 90 (%)
最大酸素摂取量
体重 80kg の人が 1500m を走った場合
80kg×1.5km
＝120kcal
100% 最大酸素摂取量 相当の速度
消費するほとんどは糖質で
脂肪はゼロに近い
50% 最大酸素摂取量 相当の速度
60 キロカロリー(8.5 グラム) 分の
脂肪を消費

体脂肪は1グラムあたり約7キロカロリーの熱量を持っていますので、何グラムの脂肪が減ったか計算すると、60÷7で、8・5グラムほど減った計算になります。

片やほぼゼロ、片や8・5グラム。

しかも100パーセント最大酸素摂取量で走った場合は、活性酸素が驚くほどたくさん出ます。ご存じ活性酸素は、老化や病気の主役と言う人もいるくらい酸化力の強い物質であり、あらゆる生活習慣病の元になるとされるほど毒性の強いものです。

特に、激しい運動に慣れていない人の場合はさらに危険で、血中にある脂質が活性酸素によって過酸化された物質、過酸化脂質に変わり、これが急増します。過酸化脂質とは、活性酸素がいろいろ悪さをしているその痕跡みたいなものだと理解すればいいでしょう。

100パーセントの強さでは、運動後に過酸化脂質の量が急増する。これは厳然たる事実です。体が活性酸素の強い毒性に晒《さら》されているということになります。ところが、50パーセント以下の強さの運動ではそれが起こりません。

体脂肪は運動の蓄積によって落ちる

ただし一方では、ゆっくり1500メートル走ったとしても、減る体脂肪はわずか数グラムでしかないと冷静に認識しておく必要もあります。前述の例なら、8・5グラム。

その100倍の850グラムの脂肪を減らそうとするなら、当然ながら100回同じ運動をやらなければならない。三日に一度のペースなら、一年に100回はできますが、それでも一年かけてやっと、たかだか1キログラムの減にしかならないのです。これをしっかりと事前に認識しておかなくてはいけません。過度に期待しては絶対にいけないのです。

一年間続けても脂肪は1キログラムしか減りませんが、一〇年続ければ10キログラムです。毎日やれば3倍ですから、一年で3キログラム減らすことも可能ですが、それでもその程度です。

運動で落とす脂肪は、集積効果で考えなければいけません。**一度で脂肪が減るということは絶対にない**ということを認識していただかないと、どうしても過度な期待をかけることになり、思うように結果が伴わないことから挫折してしまう結末につながります。

しかし、1500メートル走れば、8・5グラムの脂肪は落ちる。確実にその効果はある。そう前向きに考えるべきなのです。

〝一週間で10キログラム減〟とか、〝あっという間に5キログラム体脂肪が減った〟といった広告コピーが巷には溢れていますが、そもそも人間は太るときも、一週間で5キロや10キロと体重が変動することはありません。毎日の積み重ねで少しずつ体脂肪が付き、太っていく。それを一週間や二週間で減らそうというのが、いかに身勝手な話か、ということです。

無理だとわかっていても、そうしたいという願望が人間には強いですから、信じたくなる気持ちはわかります。

しかし、お正月にご馳走を食べ過ぎて何キログラムも太ったというような話も、面白おかしく語られるだけであり、じつは誤認なのです。本当に体重が増えたという人も、それはお腹の中にある消化物そのものの量と、水分がほとんど。1キログラム余計に食べれば、その分、消化物も増えるというだけの話です。

短期間で増えた体重は、普通の生活に戻せば自然に減っていきます。もっと極端な話、たとえば朝から四六時中食べていたとしても、そのすべてが脂肪として付くわけではありません。怖いのは、食べ癖が付いてしまうことぐらいでしょう。

逆に、時間をかけて本当に身に付いてしまったものは、短期間では削れないのです。

1500メートル走れば、あるいは歩けば、何グラムかは確実に脂肪が落ちるという前向きな発想で、それを積み重ねていくしかないのです。

積み重ねれば、確実に体脂肪は減る。そう考えて、続けられる運動をおこなうことが大切です。

運動してかく汗の量と脂肪消費量は無関係

とはいえ、

「もっと短期間で効果の出る運動もあるのでは?」

と考えてしまうのが人間の性《さが》。

たとえば、〝お腹にラップを巻いて〟運動をするというような手法を聞きます。出ているお腹を引っ込めたいと思っている人なら、確かに飛び付きそうな話です。

しかし、そもそも運動しているときに出る汗であっても、サウナでかく汗と同じ。ほとんどが水分であって、体脂肪が汗と一緒に流れ出るなどということは一切ないのです。

汗をかいて1キログラム絞れても、体脂肪が減ったのではなく、水分が抜けただけ。確かにそれでも体重は1キログラム減りますが、これで真に体重が減ったとするのは間違いです。前述したように水分を補給すればすぐに戻りますし、また戻さなければいけません。

ただし、お腹にラップを巻いて、お腹の脂肪をたくさん減らすという方法が、完全に根拠がないかというと、そうも言い切れない。肯定するわけではありませんが、否定するだけの証拠もないのです。

ラップを巻いたり、腹巻きをしたり、サウナスーツを着ると、そこだけ汗をかきますが、お腹の温度は下がりません。基本的に体が汗をかくのは体温を下げるためですが、ラップを巻いているので逃げ場がなく、お腹の温度はどんどん上がっていきます。

人間の体温は普通、37度と考えますが、10度上がると確実に死んでしまいます。41度が限界で、これを超えるとタンパク質が死んでしまうからです。

ですから汗の効果を制限するのは危険なのです。しかしながら、脂肪を分解する酵素、リパーゼの反応速度は、10度温度が上がると通常約2・5倍に上昇します。この効果をほんの1度か2度程度の温度上昇で享受できるかどうかはわかりませんが、真っ向から否定するデータもないのです。

確実な効果が表れるだけ温度を上げれば体がもちませんし、多少の温度上昇で脂肪を分解する酵素が活性化する根拠もありません。

少しでも効果を上げたいという意欲、自分で工夫しようという姿勢は悪くありませんが、根拠のないものをいくらやっても意味はありません。

体の仕組みや機能をしっかり考え、その上で、自分でできるものをやる。確実に効果が見込めるものを積み重ねていくしかないのです。

運動を始めても すぐには燃えない体脂肪

ならばと心機一転、たとえばフィットネスクラブで専門家の指導を受けることに決めたとしましょう。すると、「有酸素運動を四〇分は続けなさい」「二〇分後に、はじめて脂肪が燃えはじめます」などといわれるかもしれません。体脂肪燃焼が目的の人に有酸素運動を勧めるのは、教科書的には正解です。**運動によって脂肪を少しでも早く落としたければ、強度の低い有酸素運動をするのがいちばんよいのは確かなのです**。

それでは、この二〇分、四〇分という数字に根拠はあるのでしょうか。

有酸素運動を始めると、最初の五分くらい（安静時の状態からのプラス分）は、糖質がエネルギー源になります。車でいえば、エンジンを点火するプラグの燃料は糖分が担当しているというイメージです。それからエンジンが温まるまでの間、だいたい心拍数が一定の位置に達するまでは、糖質が余計に使われます。

その間、脂肪がまったく使われていないかというとそんなことはなく、すでに血液中を流れている脂肪酸（脂肪が分解されたもの）などが使われます。筋肉細胞の中にも脂肪はあります。体のあちこちに脂肪があり、すぐにエネルギーとして使えるものがとりあえず使われるわけです。

ですから、「二〇分後に、はじめて脂肪が燃えはじめます」という言い方は、正確には間違いということになります。

しかし、根拠はあるのです。

今、ここで問題にしている落としたい脂肪、つまり**体脂肪（皮下脂肪と内臓脂肪）は、確かにすぐには燃えない**からです。

体脂肪は、徐々に分解され、それが血液中に脂肪酸とグリセロールとなって出てきて、それが筋肉に取り込まれてエネルギーとして使われますが、そうなるまでには一五分〜二〇分くらいの時間がかかります。そういう意味で「二〇分後」というのは根拠のある数字であり、

「二〇分後に、はじめて皮下脂肪や内臓脂肪が燃えはじめます」

とすれば、ほぼ正解です。

私たちが実際に測定した実験結果では、体脂肪が分解され、血中に脂肪酸となって放出されるまでに要した時間は約一五分でした。測定の仕方によっては二〇分というデータもあります。いずれにしろ、ターゲットである体脂肪に絞れば、消費されるのは一五分〜二〇分後から、ということになります。

「四〇分は続けないといけない」といわれるのは、一五分、二〇分でやめてしまうと、せっかく体脂肪が分解されたのにそこで終わってしまうのはもったいないということだと思います。ターゲットの体脂肪にやっと火が付いた後は、引き続きどれだけ頑張るかによって、どれだけそれが燃焼するかが決まってくる――。これも、ある程度は正しく、ただ正確には多少語弊があるといった感じでしょうか。

というのも、体脂肪が分解されて、血液中に出ていく状態になるには少なく見積もって一五分。そこでパタッと運動をやめてしまったときに、体脂肪の分解もパタッと止まるかといえばそんなことはないからです。**実際に体脂肪の分解は、休憩していてもしばらく持続しま**

す。その状態で、また運動しはじめれば、体脂肪から分解された脂肪酸はすみやかに筋肉に摂り込まれ、すぐさまエネルギーとして使われます。

もっと簡単に次のように考えてもいいでしょう。

寒いときに自動車のエンジンをかけると、温まるまでに時間がかかりますが、エンジンを切ってもまたすぐに再起動すればスタンバイします。それと同じで、休憩時間が長くなければ、休みを入れてもいいのです。

安静時から運動を始めると、一五分後にやっと体脂肪が使われはじめる。そこでパッと運動をやめても、五分後に再スタートしたら、体脂肪が分解されるまでまた一五分もかかるということはありえません。すぐに分解は始まります。すでにエンジンは温まっているのだから、というわけです。

有酸素運動はブツ切れに続けたほうが効く

この事実は、皆さんが有酸素運動をおこなう上で、重要なヒントを提示してくれています。

つまり、運動は休み休みでもかまわないということです。

私たちが2006年におこなった研究結果に触れておきましょう。

60パーセント最大酸素摂取量の強さの運動を一時間続けておこなう場合と、同じ強さで三〇分おこない三〇分休んで、それからまた三〇分おこなう場合の比較です。

休んでいる間も、脂肪の代謝はやや高いまま続きますので、トータルの脂質代謝としては、時間をかける分、後者のほうが高くなるのは当然です。しかし、休んでいる間の脂質代謝量を除いても、じつは後者のほうが多くの脂質が動員されていることが、現象として確認できたのです。この結果は私たちにも意外なものでした。

理由は正確にはわからないのですが、詳しく調べてみると、中断した後の運動では、アドレナリンの分泌量が飛躍的に増えていることがわかりました。

食事制限の話でも少し触れましたが、アドレナリンは脂肪の分解を促すホルモンです。おそらくはアドレナリンの作用によって、脂質が多く使われるのではないかということが考えられます。

すなわち、四〇分、五〇分、一時間と、無理して有酸素運動を続けるより、三〇分くらいでブレイクを入れて、また二〇分くらいやるとか、そういうプログラムのほうが効果的だということがわかります。

先に、〝頑張って長く運動すること〟が重要と申し上げましたが、**いたずらに長くおこなうのではなく、休み休み、ブツ切れ状態のほうがむしろ効果が見込めるのです。**

ただし、最初の始動時期には一五分〜二〇分の連続した運動がやはり必要です。体脂肪が燃えはじめる状態になるまで、つまりエンジンが温まるまでは続ける。三〇分くらいやって、ブレイクを入れて、また再開……というプログラムを推奨したのはそういうわけです。

脂肪代謝促進に効果的な有酸素運動のリズム

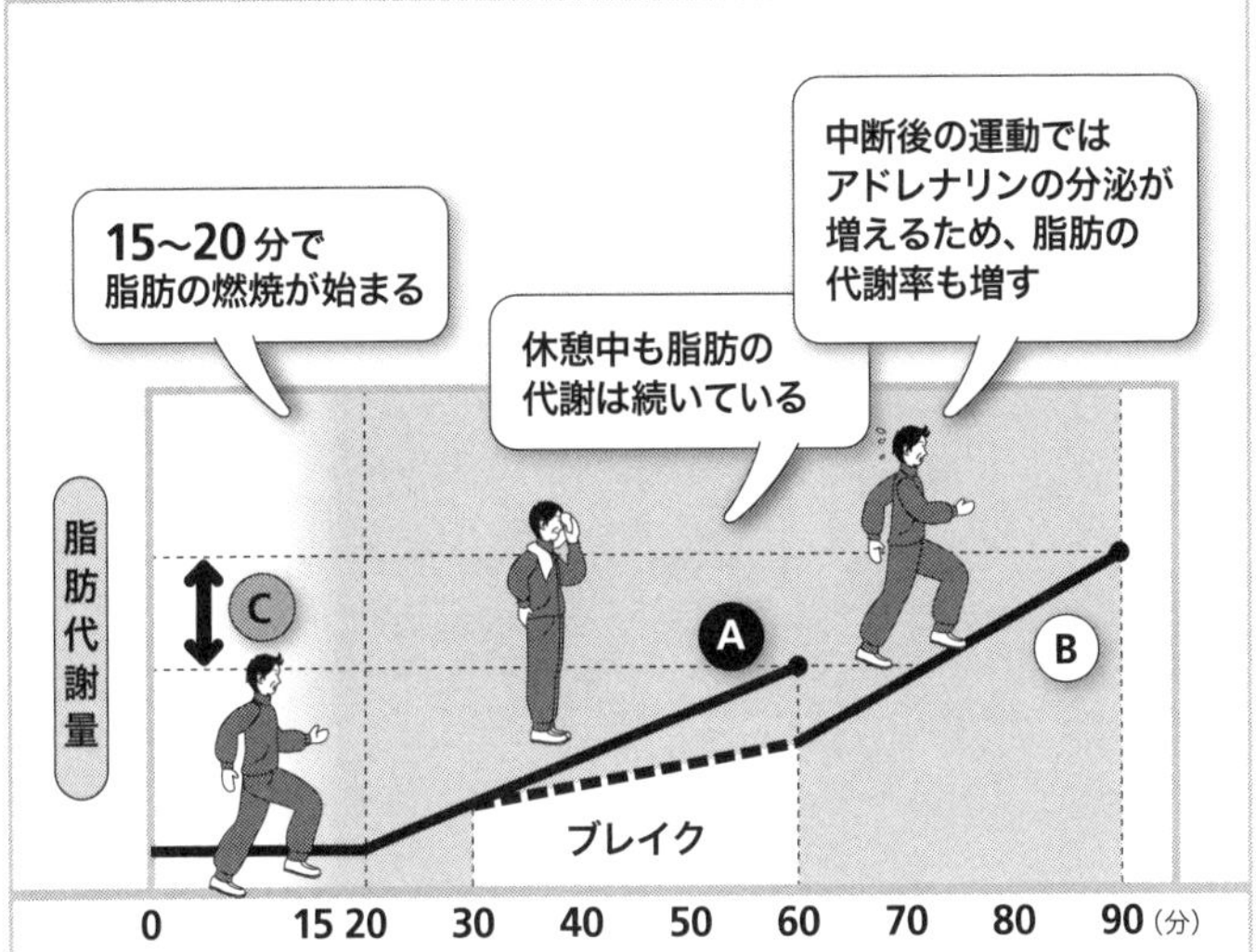
15〜20分で
脂肪の燃焼が始まる
休憩中も脂肪の
代謝は続いている
中断後の運動では
アドレナリンの分泌が
増えるため、脂肪の
代謝率も増す
脂肪代謝量
C
A
B
ブレイク
0
15 20
30
40
50
60
70
80
90（分）

✔ジョギングなどの有酸素運動を1時間連続でおこなった場合Ⓐと30分休憩を入れた後、再び30分行った場合Ⓑの脂肪代謝の総量は、後者のほうが多くなる（その差がⒸ）。

✔脂肪の燃焼が始まる15〜20分間を経た後は、〈10分休憩→10分運動〉という短いサイクルに切り替えてもかまわない。要は、休憩中の代謝と、運動再開後に分泌されるアドレナリンの作用を活かすことが最大のポイント。

一度、エンジンが温まったら、一〇分やっては休み、また一〇分やっては休みでもまったくかまわない。いや、むしろ、そのほうが脂肪燃焼効果は上がると思います。

休まず、長時間運動を続けたほうがいいというのは、もはや常識ではありません。**「ブッ切れ有酸素運動」こそ脂肪がより燃える、効率のいい運動なのです。**

ところで、アドレナリンの話が出てきたところで付け加えると、アドレナリンの分泌をもっと強く促す方法は、筋トレなのです。筋肉を鍛える無酸素運動を筋トレといいます。無酸素運動では直接的には脂肪はまったく燃焼しないものの、脂肪の分解を促すアドレナリンはすごい勢いで出るのです。

また、すでにご理解いただいているように、筋肉はエネルギーの最大消費者であり、これを維持、増加させることは、そのまま基礎代謝の増加につながります。一日の全消費カロリー中、60~70パーセントは基礎代謝によるものでしたね。いくら活動代謝を上げても、基礎代謝にはかなわないのです。

さらにいえば、アドレナリンよりずっと脂肪の分解を強力に促すホルモンが存在し、その分泌もまた、筋トレによって促進されます。

もちろん、運動時の代謝、活動時の代謝をないがしろにしろ、という意味ではありませんが、たった今新しい常識としてお伝えした「ブッ切れ有酸素運動」も、そこに筋トレを加えることでさらに効率がいいものになるのです。

私はもともとボディビルダーであり、筋肉の専門家です。しかし、それゆえに、筋トレばかりをクローズアップしていると思われてしまうケースもあるため、あえて筋トレおよび筋肉については、ここまで可能なかぎり触れないようにしてきました。

しかし、4時限目ではいよいよ筋肉についての話題を解禁します。筋肉は、今やダイエットにおける最大のキーワードなのです――。

[4時限目]

THE FOURTH PERIOD

ダイエットと筋トレ

全身のエネルギー消費の半分は筋肉がしてくれる

筋トレを考える際の前提となる筋肉の位置付けを、ここまでの復習も兼ねながら確認していきましょう。

意識している人は少ないでしょうが、じつは筋肉は、体の中に非常にたくさんある組織です。ごく普通の生活をしている一般成人男性で体重の40パーセント近く、女性でも35パーセント程度は筋肉です。かなりの量ですよね。

この筋肉がしっかり活動することによって、エネルギーを消費してくれるのだということを強く意識していただきたいと思います。筋肉は、体の中で最もエネルギーを消費する器官であり、なおかつ体脂肪もエネルギー源として使ってくれます。

さらに大きなポイントとしては、活動していないときでもエネルギーを消費しているという点があります。筋肉が体温の生成をしてくれる組織だということは、すでに触れましたね。筋肉が体の熱をつくる。それによって、37度という体の熱が維持されているのです。体温生産のうちの6割が筋肉の仕事ということも、すでに承知いただいているはずです。

体温生成というのは、基礎代謝のうち最も割合が高いものです。基礎代謝のうち6割が体温生成、残りの4割が呼吸をしたり心臓を動かしたりといった活動による代謝です。

基礎代謝のうちの6割が熱をつくるためで、さらにそのうちの6割が筋肉によるもの。6割のうちの6割ですから、0・6×0・6＝0・36で、基礎代謝における熱生産の36パーセントは筋肉が担っているという計算になります。筋肉量などの個人差はかなりありますから、3割強という程度の見積りでいいかと思いますが、それでもたいへんな割合。それほど、筋肉がなければ生きるための体温を保ちにくいのです。

しかし、筋肉が担う代謝量という観点から考えれば、その割合はもっともっと高い。基礎代謝だけでなく活動代謝においても、その代謝量は筋肉によるところが大きいからです。特に意識して運動していなくても、その8割以上は筋肉によるエネルギー消費です。

つまり、多少、少なめに見積もっても、全代謝の半分近くを筋肉が担っているということになります。ですから、筋肉を維持できれば代謝量も維持でき、筋肉が増えれば代謝も増える。逆に減少すれば代謝も減るということは明らかでしょう。

筋肉量は基礎代謝量に比例しますが、それだけでなく、全代謝量とも濃い相関関係があるのです。逆の見方をすれば、筋肉は大変に不経済な組織ともいえます。全エネルギーの半分以上を消費してしまうのですから。

もし仮に、この筋肉が少なければ、消費エネルギーも少なくなる。そのために必要な摂取エネルギー、すなわち食事も少しでいいということになります。日本人は、連綿とそういった生活をしてきた民族であり、倹約遺伝子を受け継いできました。なるべくエネルギーを使わず、逆に体脂肪として蓄積していくような、そういう遺伝子を持っている人の割合が高いのです。そういう見地からすると、エネルギーを消費する筋肉は厄介者になります。

とりわけ恵まれた現代日本の生活環境では、筋肉を維持、増強しないと、太ってしまうのは当たり前のことなのです。

筋トレの効果は まず筋力に表れる

そこで、筋トレをして、筋肉を維持、増強しましょうということになるのですが、量的な筋トレ効果が出るまでには、それなりの時間がかかるというのが一般的には常識とされてきました。

確かに、それまで筋肉を鍛えてこなかった人が、いきなりトレーニングをしても、すぐさま筋肉がはっきり太くなることはありません。最初の一、二週間で効果を確認したいからといって、どんなに頑張っても、残念ながら目に見える効果は期待できません。

ただし、筋力は、割とすぐに伸びます。

筋トレを始めて一週間程度でも、「ずいぶんと力が出てきたな」と実感できるものです。力を出し慣れていない人が、力を出す環境になることで、体が早期に対応するのです。人間の体はそういう適応が起こるようにできていますが、筋肉が太くなったわけでもないのにどうして力が伸びたのでしょう。

これは主に、神経機能の反応によります。

筋肉は通常、持っている力の目一杯を発揮することはありません。筋肉を支配している神経によってロックがかかっており、１００パーセントの力は使わないようになっている。それが、筋トレなどで力を出す環境下に置かれることで、その筋肉が持っている１００パーセントの力を発揮できる状態に近づくのです。

あくまで１００パーセントに近づくだけですが、**トレーニングをしていない人は今ある筋肉の力の70パーセントも発揮できていないというのが普通です。どんなに頑張っても30パーセントは鍵がかかっていて使えない状態です。**

火事場の馬鹿力という言葉がありますが、これは、その封印された30パーセントの力が突如解禁された状態です。たとえば、いきなり強盗に襲われ、後ろから首を絞められてパニック状態になると思わぬ力が出たりするのは、そういう理由からです。

実験的にも確かめられています。普段力を出し慣れていない人に、そうとは知らせずに耳の後ろで鉄砲の音を鳴らしてみる。すると、もうこれ以上無理という力よりも、かなり大きな力が瞬間的に出ます。残り30パーセントの力が解き放たれたのです。

このロックがかかった余力の部分というのは、自分の意思では自由に出せないのですが、余力の扉をノックするような訓練、つまり筋力アップに適した負荷のトレーニングをくり返しているうちに出るようになります。鍵が外れるということです。

鍵を外す方法には、トレーニングと、火事場の馬鹿力のような非日常的な刺激がありますが、それ以外にもいくつか方法があります。

たとえば催眠術や、興奮剤のような薬物です。ウェイトリフティングなどで興奮剤が禁止されているのは、そういう理由があるからです。この事実からも、この鍵は神経系の問題、脳が握っているということがわかります。

なぜ筋肉が、普段は30パーセントの余力を残しているのかについては、残念ながらまだ正確にはわかってはいません。ただし、おそらくこうであろうという有力な推論はお話しできます。

考えられるのは、ここぞというときに最後の力をふり絞って、難を逃れ生きのびるための仕組みだろうということ。いざというときに逃げるには、普段以上のパワーが必要になります。私たちは、通常、自分の持っているパフォーマンスの半分か、三分の一程度で日常生活を送っています。残りの部分というのは、滅多なことでは出ないように、リミッターのようなものが働いているのではないかという考え方です。

そもそも大きな力を出してしまうと、怪我をしてしまう危険性も高いのです。

人間の筋肉は1平方センチメートルあたり、約5キログラムもの力を出すことができます。それなりに太い筋肉になってくると、大変大きな力が出るわけです。太ももの筋肉ほどの太さなら普通の人でも500キログラムくらいの力が出ます。つまり、ひざのお皿にかかる力も500キログラムということになり、たとえば自分の骨を折ってしまったりする危険性もあるということになります。

100パーセントの力を日常的に発揮すると、体そのものを損傷してしまうリスクが増すわけです。

高級車の多くは、時速180キロメートルとか200キロメートルくらいまで速度計の目盛りが付いています。時速200キロメートルのスピードで走ることは実際ないのですが、ここでアクセルを踏まないと危ないというときには、スピードが出るようになっているのです。余力を持っている上で、普段は最大能力の半分程度を使っている。だからこそ、安全で安定した走りができるのでしょう。

筋肉の余力にかかった鍵は、トレーニングによって外され、使える範囲をだんだん広げていくことができます。その伸び幅は最初の二週間くらいまでが最も大きいということがわかっています。私たちの実験でも、最初の一カ月間は、〝筋肉量〟の増大は確かめられなかったのですが、〝筋力〟だけは明確に伸びることが確認できています。

筋肉は三カ月経たないと増えない？

筋力はすぐに上がっても、筋肉量はすぐには増えないと聞いて、

「だったら、すぐにはエネルギーの消費量、体脂肪の消費量は上がらないのか……」

と残念に思ったあなたは、これまでの話をとてもよく理解されています。しかし、それは早合点であり、誤解です。

確かに最初の一カ月程度では筋肉が太くならず、筋力だけが伸びます。それは多くの研究論文などでもいわれていることなのですが、イコール一点の曇りもない真実ではないのです。

どういうことかというと、筋力の伸びは割と測りやすいものです。たとえば、3パーセント筋力が増えたというのも、精度として比較的正確に測ることができます。

ところが、3パーセント筋肉が太くなったということを、正確に測る技術はないのです。つまり、3パーセントくらい筋肉が太くなっても測定誤差という範囲に入ってしまいますので、「太くなった」とはなかなかいえない。この程度ですと、測り方によっては、逆に2パーセント細くなったという測定結果が出ても不思議はありません。

筋肉がどのくらいの期間で太くなりはじめるかというと、これは測定の技術に依存しているのが実際のところです。これまでの測定技術の範囲では、一、二カ月のうちは筋肉の増大が捉えきれないというのが、正確な表現なのです。

しかし、測定数値として捉えきれなくても、一カ月間トレーニングをして筋肉がまったく太くならないかというと、そんなことは逆にありえない。三カ月くらい経たないと確認できないだけであって、かならず少しずつでも筋肉が太くなるという現象は起こっていなければおかしいのです。

最新型の高性能MRIを使って微々たる量まで追跡していくと、やはり少しずつ筋肉が太くなるという現象は起こっていると確認できます。一カ月でも少しは筋肉が太くなるという現象は起きているのです。続けていくと、二、三カ月で5〜10パーセントという、はっきり確認できる変化が出てきます。

「鉄アレイの上げ下げを一週間毎日やって、上腕筋がかなり硬くなったのですが……」

こんな相談を受けることがあります。一週間で筋肉が太くなったのではないかという主旨のご質問でしょうが、残念ながら、それは筋肉の腫れです。浮腫《ふしゅ》といい、慣れない筋トレをいきなり頑張ってやったことで、筋肉が腫れたのです。

筋肉を一定以上に刺激すると、小さな傷ができます。すると免疫反応が起きて、組織が腫れた状態になるわけです。このことで筋肉が太くなったように感じられるかもしれませんが、これはある種の錯覚です。

ただし、**筋トレによって筋肉に小さな傷ができるのは、筋肉を増強させる上で必要な過程であり、悪いことではありません**。問題なのは頻度《ひんど》です。筋トレは、毎日張り切っておこなっても効果は上がらないものなのです。

筋トレは週2回でよい

トレーニングの三大要素は「強度・量・頻度」です。

そのなかで、最も誤解されているのが「頻度」。じつは、筋トレは毎日やればいいというものではないのです。結論から申し上げますが、**二日に1回もしくは三日に1回がベストです。**毎日トレーニングすると、効果が上がらないどころか逆効果になりますので、くれぐれも注意してください。

最近、アメリカで筋肉のタンパク質合成がどのように進むかを、実際に人間の体を使って測る実験が進行しています。自然界にあるアミノ酸と区別できるように、ラベルを付けたアミノ酸をあらかじめ血中に摂取させておき、その状態で筋トレをし、筋トレ直後からの筋肉にできた浮腫を外科的に手術してサンプリングし、調べるという、非常に興味深い実験です。

その結果、タンパク質合成の増大は、筋トレをした後、四八〜七二時間も高い状態のまま続いているということがわかったのです。**つまり、1回のトレーニングで筋肉が合成方向に刺激を受けている時間は、二日から三日にも及ぶということになります**。

この間は、いわば傷んだ筋肉が修復されている期間です。この期間に筋トレをすると、確実に筋力は下がります。これをくり返していくと、輪をかけて筋力は下がっていくことになります。回復期間にトレーニングをおこない、筋力を下げてしまうのですから、すなわちオーバートレーニングということです。

ですから、ウェイトリフティングの選手は、大事な試合の直前に筋トレをしたりすることはありません。激しいトレーニングは試合の一週間前からしないのです。通常のトレーニングの場合でも、中三日くらいは完全に筋肉を休める休養期間、回復期間にあてます。

試合前の大事な期間にやるのは、ごく軽い練習だけ。体が感覚を忘れてしまわないように、軽いトレーニングはやりますが、本気になって筋力を上げようというトレーニングは、多くの場合、一週間前からはおこないません。

筋トレの適正な頻度

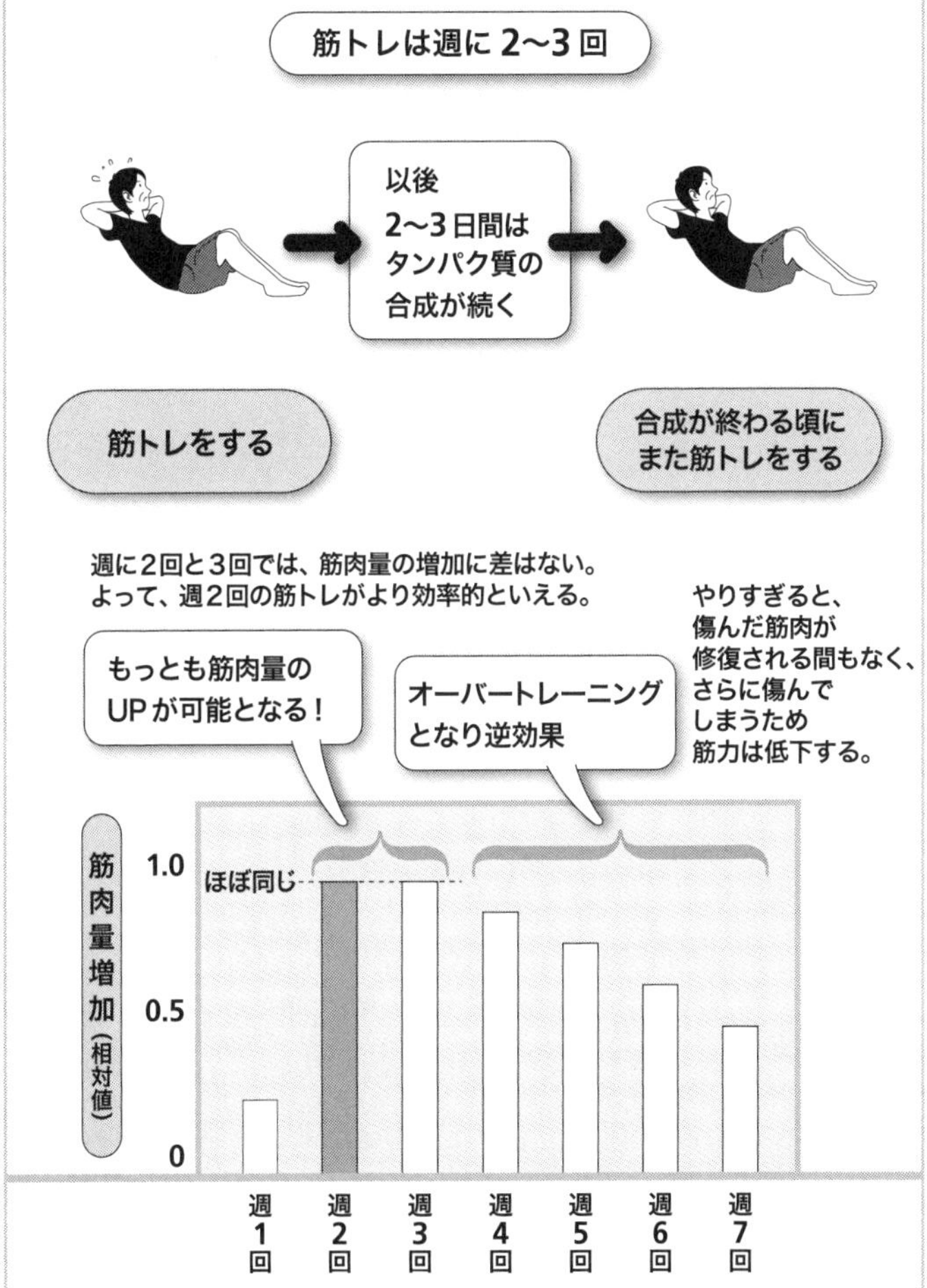

筋トレは週に 2〜3 回
以後
2〜3 日間は
タンパク質の
合成が続く
筋トレをする
合成が終わる頃に
また筋トレをする
週に2回と3回では、筋肉量の増加に差はない。
よって、週2回の筋トレがより効率的といえる。
もっとも筋肉量の
UP が可能となる！
オーバートレーニング
となり逆効果
やりすぎると、
傷んだ筋肉が
修復される間もなく、
さらに傷んで
しまうため
筋力は低下する。
筋肉量増加（相対値）
1.0
0.5
0
ほぼ同じ
週1回
週2回
週3回
週4回
週5回
週6回
週7回

試合直前になると、軽いものから始め、だんだん上げていって、最大に近いところまでもっていきます。トレーニングではなくて、ウォーミングアップに近い感覚ですね。

これはウェイトリフティングという力を出す専門家、アスリートだけに限った話ではありません。誰でも、あなたでも同じです。

実験でも確かめられています。毎日のトレーニングがオーバートレーニングになることは、専門家ならすでに誰もが知っている事実ですので、実際の実験は、一週間に1回の筋トレ、2回の筋トレ、3回の筋トレで効果を比較しています。

結果は、一週間に2回が最も効果が高く、週3回は、2回とほぼ変わらない。1回は芳《かんば》しい効果が得られませんでした。

筋肉は使い過ぎることで、傷ついて疲れてしまいます。回復しないうちにまた使うと、疲労に輪をかけることになり筋力が落ちてしまう。それが、週2回では起こらない。週2回と3回がほとんど同じなら、週2回のほうが賢いやり方でしょう。筋トレが趣味という人でも、週3回がマックスです。

一定の負荷をかけた筋トレ1回の刺激は、丸二日から三日続くので、その刺激が消えたときに、また刺激をきちんと加えるというのがベストです。**タンパク質の合成からいっても、一週間に2回、ないしは3回がちょうどいい頻度なのです。**

なお、余談ではありますが、この項目のタイトルは当初「毎日筋トレするより週2回のほうが効果が高い」となる予定でした。しかし、このタイトルではダメなことは皆さんにはもうおわかりですね。そう、「毎日筋トレするより」ではないのです。同じ筋肉を毎日鍛えてはいけないのです。

毎日筋トレしたいという方は、トレーニングを課す筋肉を三分割または四分割し、日替わりローテーションで筋トレするしかありません。今日は腹筋、明日は脚全般、明後日は腕と背筋といった具合に……。とにかく同じ部位の筋肉を毎日鍛えることはできないと、肝に銘じていただきたいと思います。

筋肉が強くなるのも、太くなるのも、筋トレ後の回復期です。回復期があって、はじめて鍛えたことになり、筋力が上がり、その量も増えるのです。

体脂肪燃焼を高める「速筋」を太くする

筋肉が太くなったり強くなったりするのは、そこに必要性があるからです。あくまで、体の生理学的な適応現象です。ですから、体が変わることを要求されていないと、筋肉の変化は起きません。これが筋トレの大前提です。

筋肉の能力を高めなければいけない状況とは、たとえば今の筋肉にとって過大な負荷をかけられ、このままでは困ってしまうというような状況です。そうなってはじめて適応現象が起きるのです。

トレーニング科学の分野では、「オーバーロードの原則」というものがあります。**今の自分の能力に対し、少し負荷がオーバーしているという意味ですが、そういう負荷を与えなけれ**

ば、より筋肉が強くなろうという反応が起きないわけです。アンダーロード（自分の能力に照らして負荷が低い状態）では筋肉はまったく反応しません。簡単にいえば、普段と変わらない日常生活をしているだけでは筋肉は強化されないということです。

そこで、筋肉にとってオーバーロードである状態をつくらなければならない。では、いったいどういう状態になったら筋肉がつらい思いをするのでしょうか。じつは、こんな簡単そうなことでも、実際にはいまだ解明されていない課題のひとつなのです。

わからないものはわからないと認めるのが科学的な見地。ダイエットも科学的に考えるのなら、わかったふりは百害あって一利なしです。

ただし、どういうメカニズムで筋肉が太くなるのか、どういう細胞が働いて、どういう遺伝子が働くのか、という点はかなりわかってきています。必要な筋肉への働きかけが何であるのかは解明されていませんが、私たちの研究室における実験、研究も含め、部分的に大事な要件というものはわかってきています。

まず、誰でもわかることとして、〝筋肉は使わなければいけない〟ことが挙げられます。使われないのでは増強する以前の問題ですので、とにかく使わなければいけません。

次には、筋肉が〝どう使われるのか〟ということが問題になってきます。たとえば、日常生活で歩いているとき、太もものどの部分の筋肉が、いったい何割くらい使われているのかというようなことです。実際の日常生活で、どのように筋肉が使われているのかといえば、本当は分析しきれていないのですが、わかっているメカニズムにうまく合わせて工夫をしていく——。それが効率的な筋トレということになります。

筋肉には白っぽい筋肉と、赤っぽい筋肉があり、前者を「速筋《そっきん》」、後者を「遅筋《ちきん》」といいます。トレーニングして太くなるのは速筋であり、生活で使われるのは遅筋。ですから、漠然と「筋肉をよく使いましょう」と言われたところで、適切な筋肉に狙いを定めて無駄なく増強することは難しいのです。逆にいえば、そこが工夫のしどころで、さまざまな手法が生まれてくるわけです。

週に2回の筋トレがいちばん効率がよいとか、毎日の筋トレはダメだというのも、速筋が増強されるメカニズムに合わせたものです。太くすることができる速筋は体脂肪の燃焼を高める上で、非常に大きな役割を果たすからです。

ある程度の負荷をかけなければ速筋は太くならない

速筋と遅筋という言葉が出てきたところで、「サイズの原理」に触れておきましょう。生理学上、大変に有名な原理で、筋肉の使われ方には順番がありますよ、というものです。筋肉は小さなものから先に使われるということを示しています。

サイズとは、運動神経と、それが支配している筋線維の集団を合わせた運動単位のことです。これが遅筋線維は小さくて、速筋線維は大きい。ですから、**普通に生活をしているときには、小さい遅筋線維から先に使われていきます**。

日常生活では、最大筋力の20パーセント以下の筋力発揮で、だいたいすべての行為をまかなっています。ということは、ほとんど遅筋線維しか使っていないということです。

遅筋線維は働き者です。持久力のある筋肉でもあります。対して、速筋線維は非常時に働く筋線維であって、普段は休んでいます。瞬発力のある筋肉です。

電車に乗り遅れそうになって、駅の階段をダダダッと駆け上がったりすると、60〜70パーセントくらいの筋力を出します。ですから、そういうときは速筋線維も働きます。しかし、日常生活で速筋線維が使われるのは極めて稀です。

ということは、速筋線維を太くするにはどうすればいいのか、もうおわかりかと思います。大きな力を加えて働かせる、高い負荷をかけるということですね。筋トレで負荷をかけなければいけないという当たり前のことにも、ちゃんと意味があるのです。高い負荷は速筋を使うために必要だったのですね。

大きな筋力発揮をすることで、はじめて速筋線維は使われますが、やたらに大きな力を加えればいいというものでもありません。**最大筋力の65パーセントを超えてあげないと十分に速筋線維を使っているとはいえないのですが、90パーセントを超えると筋力は上がっても筋肉は太くならなくなります。**

最大筋力とは、やっと1回だけ持ち上げられる重さで測るのが一般的です。やっと1回だけ持ち上がる重さを1RM（レピティション・マキシム＝最大反復回数）といい、これが100キログラムの人なら80キログラムが80パーセント1RMです。

最大負荷重量という言い方をするときもありますが、同じ意味です。

その65パーセントとは、なんとかそれを20回くり返せる重さと考えればいいでしょう。30回できれば、それは55パーセント程度ということであり負荷が足りない。8回しかできないものが80パーセントと考えてよく、**最大筋力80パーセントは速筋線維を最も効率的に太くする負荷であることがわかっています**。8回しかくり返せない重さということですから、8RMと言い換えることも、もちろんできます。

オーバーロードの原則から、慣れて持ち上げるのが楽になってきたら、それはすなわち、筋力が上がってきたということですから、負荷を上げていかなければならないということも忘れずに。65パーセント1RMの重さも、鍛えて筋力が上がっていけば65パーセントではなくなるのです。

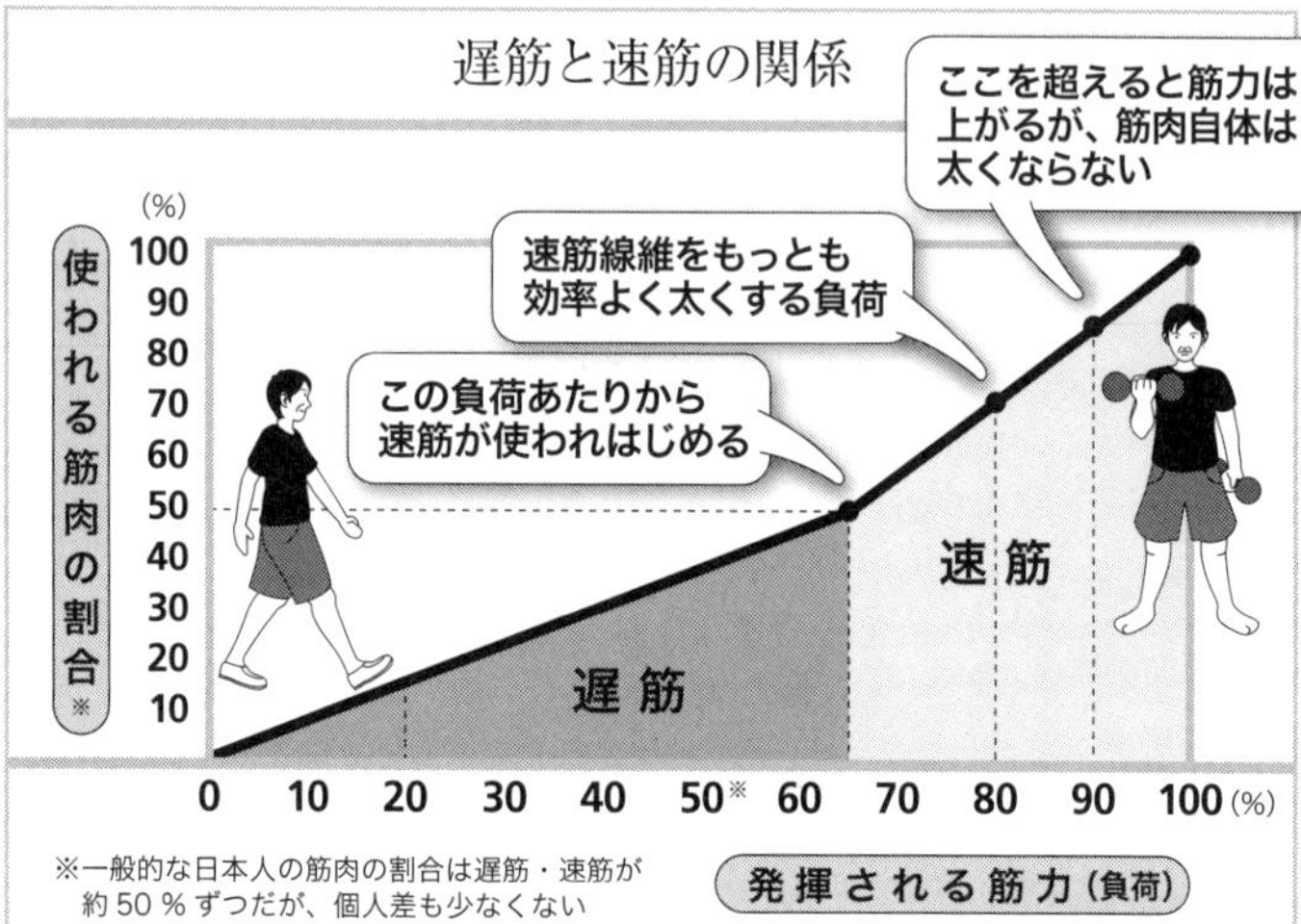

※一般的な日本人の筋肉の割合は遅筋・速筋が約50％ずつだが、個人差も少なくない

✔最大筋力の20%までの筋力発揮で、日常生活のほとんどがまかなわれている。この際に使われるのは遅筋線維で、40〜65%くらいまでの筋力発揮に対応する。すなわち、約65%の負荷レベルを超えないと速筋線維は十分に刺激できない。よって、普通に暮らしていれば、出番は少ないのが速筋の特徴といえる。
筋肉量を増やし、代謝を上げることによって脂肪を落とそうという考え方からすれば、この「速筋」を意識的にトレーニングして鍛える必要がある。

最大負荷重量の目安

強度(1RM)	RM(最大反復回数)
100%	1
80%	8
65%	20
55%	30

速筋が最も効率的に太くなる※（80%・8RM）

✔65%1RM (20RM)、すなわち「頑張って20回くり返せる程度」の筋トレは最低でもクリアしたい。30回続けてできるような筋トレでは、速筋線維にあまり効果はないということ。

※最大筋力(1RM)が100kgの人なら、80kgの負荷を8回持ち上げる運動に相当。
なんとか8回くり返せる程度の筋トレがベストな負荷といえる(スロトレで対応)

トレーニング科学が認める筋肉増強の三要件

ジムで、筋肉増強に励んでいるボディビルダーたちの多くは、最大筋力の80パーセント1RMで8回をくり返すトレーニングを3セット、という鍛え方をしています。効率よく筋肉を鍛えなければならない彼らの姿から、筋トレの必要条件も見えてきます。

最大筋力の65パーセント以上。これが効果的な筋トレの第一要件です。ベストは最大筋力の80パーセントです。

どうやっても上がらなくなるまで反復して上げる、これが第二要件です。筋肉はギリギリまで追い込まれてはじめて、その負荷に耐えうる修復をすると考えられます。

第三要件が、これを3セット以上。1セットだけの効果では、3セットやった効果の三分の一というわけではなく、それよりも低いことがトレーニング科学の分野では確かめられています。セット間のインターバルは短いほうがいい。一分以内のインターバルが理想ですが、一〜三分でもかまいません。

トレーニング科学の分野ではさまざまな実験、検証がおこなわれ、これらの要件は何度も確かめられています。そういう意味でこの三要件は、筋肉を増強するトレーニングの指標ともいうべきものです。

「負荷×回数」の積さえそろえれば同じだろうと、最大筋力の50パーセントでトレーニングしたのでは、筋肉は太くなりません。**最大筋力の65パーセント未満では何回持ち上げたところで、効果は見込めないのです。**

こうした研究はたくさんなされており、その結果、最小負荷は65パーセントというのが現在のスポーツ医学の世界における共通見解となっています。アメリカスポーツ医学会でもボーダーラインは65パーセントという数字を出しており、多くの人がこの負荷をスタンダードとして認めています。

ところが、フィットネスクラブなどでは、30回×3セットというトレーニングを指導したりすることがあります。これは、前述したように最大筋力の55パーセント以下の負荷ということですから、筋力アップには若干足りない負荷です。

ただし、これにはいくつかの意味があると考えられます。まず、初心者の人や体力がない人に、とにかく運動に慣れさせるという目的。もうひとつは、そもそもその30回×3セットというトレーニングの内容が、サーキットトレーニングではないかということ。有酸素運動と筋トレを組み合わせたサーキットトレーニングの目安は30回×3セット以上であり、インターバルを取らずに続けること、低負荷の刺激を数多く繰り返すことで持久力増進にもつながるからです。

筋肉でいえば、遅筋によく効くトレーニングです。遅筋はおいそれと増大する筋肉ではありませんが、低負荷で回数を増やすことで、鍛えることができます。わずかですが、量的にも増やすことができます。

フィットネスクラブの直接的な目的が脂肪の分解ではなく、燃焼（直接的には有酸素運動しかありません）にある場合、こうした指導がなされるのはむしろ当然なのかもしれません。

「楽な筋トレはない」という常識

上がらなくなるまで反復する。筋肉をギリギリまで追い込む。こういった言い方をしますと、どうしても、筋トレは大変そうだな……というイメージを持たれるかもしれませんね。

残念ながら、その通り。楽な筋トレなどないのです。楽をしたらトレーニングになりません。しかし、いたずらに苦労をしなければならないわけでもなく、ジムに通わなければいけないわけでもありません。自宅でも、少ない時間でも、筋肉を維持、増大させるトレーニングは十分に可能です。食事制限と同じで、続けられなければ意味がありませんから、むしろ、自宅で無理のない範囲でできるものであるべきです。

私が提唱しているスロトレもそのためのものです。しかし、その名称からくるイメージからか、「スロトレ＝楽なトレーニング」なのではと誤解を受けるケースも少なくありません。

本書はスロトレを紹介するためのものではありませんから、詳説は避けますが、スロトレが〝軽い負荷による筋トレ〟であるのは事実です。しかも、短時間でできる。だからこそ、誰にでも可能な筋トレなのですが、決して楽という意味ではありません。軽い負荷で短時間のうちに筋肉をしんどくさせることができるトレーニングなのです。軽い負荷で、短時間であっても、イコール楽ではない。筋肉にとっては非常にキツイ。

ただし、全身がしんどいかというとそうでもありません。

最大筋力80パーセントの運動はトレーニング効果としても高いのですが、筋肉をしんどくさせるために、体中のあちらこちらを無駄にしんどくさせてしまいます。負荷が重いということは、動いている筋肉以外にも、いろんなところにストレスをかけますので、全身的にしんどいトレーニングになります。

対して、スロトレでは、全身的にきついのではなくて、使っている筋肉だけを狙い撃ちしてしんどくさせます。慣れてくるとですが、スロトレは全身的な感覚としては、楽だと感じはじめる人が多くなってくるようです。人間が感じる感覚と、筋肉が感じる感覚は違いますので、筋肉にとってのみキツイのがスロトレという言い方もできるかと思います。

感覚的な言い方ですが、少なくとも筋肉にとってしんどくなければトレーニングにはなりません。結果的にも筋肉は増大しません。

これは大きなポイントです。しんどくなければ筋トレではないのです。それでも、楽な方法はないのかと考えてしまうのが人間のようで、「楽な筋トレ」を求め、また、それに呼応した商材も現れてきます。

たとえば、お腹をブルブル震わせるマシーン。勝手に筋肉を刺激してくれるのだとしたら、〝これは楽だ！〟と思えるでしょうが、生理学的には、筋肉が鍛えられる根拠もなければ、脂肪が減る根拠もありません。

ポイントは筋肉の反射です。すなわち、腹筋や背筋が振動に対してどのくらい反射を起こしてくれるか。しかし、こういったマシーンで反射を測ることは、技術的に難しいので、データがないのです。

振動板の上に乗って足元から全身が震えるマシーンは、その効果を測定したことがあります。確かに筋肉は活動します。そのことが感覚的にもわかります。ただし、その運動効果はゆっくり歩く程度のものでした。立っているだけで、ゆっくり歩くのと同じ運動効果なのですから、効果はないとはいえませんが、その程度なのです。マシーンに頼らず、その分、ゆっくり歩けば同様の効果が得られます。

筋肉に効果が出るほど振動させるには、30ヘルツ（一秒間に30回の振動）という、立っていられないほどの振動が必要です。頭蓋骨まで響きますので、ひざをちょっと曲げないととても耐えられません。このくらいの振動なら、確かに太ももの筋肉に力が入って、収縮してくるのがわかります。

筋肉に直接電流を流すＥＭＳという機器もありますね。これは、筋肉を動かしている分、ブルブルマシーンよりは期待できますが、筋トレにはなりません。筋肉を80パーセントくらい活動させようとしたら、身をよじらせるほど痛いはずです。私も実験で１５０ボルトくらいで使ったことがありますが、人によっては「ぎゃーっ」と叫ぶくらいの刺激です。しかし、それでも残念ながら筋トレにはなりません。

ただし、リハビリの分野では有効かもしれません。ごく短時間、筋肉を動かすことで筋肉の機能改善を狙うということは十分に考えられます。

負荷を下げて筋トレ効果を上げる方法

それでも、「たとえわずかでも効果があるのなら、長時間続ければいいのでは?」という質問を受けることがあります。結論からいえば、長時間そういった機器を使っても筋肉がはっきり太くなることはありません。

もし、それで効果が上がれば、ボディビルダーは皆実行しているはずですが、誰もそうしたマシーンや機器を使ってはいません。

ウサギに電気刺激を三週間与え続けたという興味深い実験結果があるのですが、速筋線維が完全に遅筋線維に変わってしまったそうです。白筋が赤筋に変わり、サイズも少し小さくなってしまった。ヒトの場合どうなるかは定かではありませんが、もしそうなったとしたら筋肉の量が落ちた分、代謝も落ちるということになるでしょう。

筋肉は負荷に適応して太くなるのが基本ですから、重いものを頑張って持ち上げるというようなトレーニングが必要になります。それを忘れてはいけません。

しかし、トレーニングの工夫によっては、より軽い負荷で筋肉を太くすることも可能です。

そのひとつが、各界のプロスポーツ選手が取り入れていることでも知られる加圧トレーニングというものです。最近は加圧トレーニング専門のジムも数多くできてきましたので、興味がある人は指導を受けるのもいいかと思いますが、絶対に自己流でおこなってはいけません。場合によっては命にかかわる危険性さえあるので、決して独学ではやらないよう、くれぐれもお願いします。

その仕組みをごく簡単に説明しておきましょう。

まず、専門の装置を使って静脈に適正な圧力をかけて筋肉中の血液の流れを制限します。乳酸をはじめとする筋トレによる代謝物を筋肉から簡単に出て行かないようにするのです。すると、40パーセント1RMという弱い負荷のトレーニングでも、強い負荷がかかったと筋肉が錯覚する。その結果、強い負荷のトレーニングと同じように筋肉が太くなるというものです。弱い負荷でも強い負荷と同様の効果があり、しかも実際には弱い負荷なので関節に負担をかけないで済むという利点があります。

このとき、大量の成長ホルモンが分泌されます。これも大きなポイントなのですが、成長ホルモンについては後で触れますので、とりあえず覚えておいていただくだけで結構です。

スロトレも、基本は加圧トレーニングと同じ原理で、筋肉中の血液の流れを制限しようというものです。スロトレなら、専門の装置もいらず、安全で、自宅でもできます。

ポイントはゆっくり動くことと筋肉を緩めないことです。**筋肉の緊張を保つことで血流が制限されるからです**。研究段階では「張力維持スロー法」と私たちは呼んでいましたが、文字通り、筋肉の出力を維持することがポイントとなります。

北京オリンピック柔道金メダリストの石井慧《さとし》選手がやって有名になった「空気椅子」に代表されるアイソメトリックも、じつはスロトレに似たメカニズムを持っています。

空気椅子をご存じない方のために説明しますと、スクワットで腰を落とした状態で、そのままポーズを維持するものです。何もないのに、あたかも椅子に座っているようなポーズなので、そういわれるようです。

〝アイソ〟とは「等しい」という意味で、〝メトリック〟は「長さ」。収縮する動作が当たり前の筋肉を「長さが等しい状態」（収縮させない状態）で保つという意味です。ドイツで著作として発表され、日本でも1970年代後半、ブームになりました。どこでも手軽にできるというのが売りでした。

空気椅子以外では、胸の前で拝むように両手を合わせるポーズもアイソメトリックとして有名です。ひじを張って左右から力を加えるだけで大胸筋が鍛えられます。最大筋力の65パーセント以上の筋力で六秒以上。この間、筋肉中が低酸素になって酸欠になります。これはスロトレと同じ原理です。また、筋力を発揮し続けるという意味でもスロトレに似ています。

サイズの原理から、最初は遅筋線維が働きます。

しかし、遅筋線維は酸素がないと動かない特性があります。よって筋肉の中が酸欠になってくると、遅筋は動かなくなってきて、同じ筋力を出すために速筋の応援を仰がざるを得ない。

やがて速筋が使われはじめる。しかし、速筋線維はスタミナがないので、すぐに疲れる。そうすると、同じ力を維持するのに、まだ使われていない速筋線維の応援を仰がざるを得ず、やがて筋肉全体が使われていく――。

こうした過程が早く起きるのがアイソメトリックであり、同様にスロトレの特徴でもあります。ただし、スロトレの場合は、最大筋力の40パーセントまで負荷を下げても効果がある。対してアイソメトリックは65パーセント以上ですが、工夫次第でスロトレのように40パーセントまで下げても、筋力を高める効果を上げることはできます。

アイソメトリックとスロトレは、ジーッと力を出し続ける点では共通していますが、違うところも明確です。

スロトレではゆっくりであっても動きます。動く、イコール仕事をするということなので、エネルギーを消費します。エネルギーを消費すると、より筋肉は酸素を吸収しますので、低酸素状態になってくる。つまりアイソメトリックに輪をかけてさらに酸欠になってくるのです。したがって、より速筋線維が動員しやすい状態がつくり出されます。これが最初のポイントです。

二番目は、筋肉中に乳酸、水素イオンなどのエネルギー代謝物が増える点です。速筋線維を次々に動員して仕事をしますので、代謝物も、がぜん増えます。止まっているだけのアイソメトリックではそれが起きません。

ですが、胸の前で両手を合わせるポーズも、その合わせた手をゆっくりと左右に動かす運動を加えれば、スロトレと同じ効果が得られます。

また、アイソメトリックは筋力は高められるものの、筋肉はあまり太くなりません。その悩みも、少し〝動かす〟ことで解消されます。

ならば、空気椅子を動かすと……。それはスクワットになってしまいますね（笑）。空気椅子をゆっくりと動かしたら、そのままスロトレのスクワットになるというのは、なかなか面白いですね。

筋トレのフォームは正しく無理なく

工夫次第で、大きな効果を上げることができる筋トレですが、フォームにはくれぐれも注意していただきたいと思います。**フォームが悪いと、思ったような効果が期待できなくなることと、ひざ関節などを傷めてしまうなど、逆に健康を損ねてしまう可能性があるからです。**

たとえばダンベルや鉄アレイの上げ下げ。これは上腕部の筋肉を鍛えるトレーニングですが、強く握りすぎてしまうと前腕にも負荷がかかってしまうので、目指す上腕を狙い撃ちできません。

バーベルも含めたウエイトトレーニングの場合は、持ち上げるときと同様、下げるときにも注意が必要です。専門的には、持ち上げる運動をコンセントリック（短縮性動作）、下ろすときはエキセントリック（伸張性動作）といいます。

そして、コンセントリックは速く、エキセントリックはゆっくりが基本とされます。上げるときの注意事項としては、反動を使わず、なめらかに素早く持ち上げる。すると狙った筋肉全体が力を発揮した状態になります。下ろすときはゆっくりというのは、力を抜いた状態にしないということです。しっかりブレーキをかけながら下ろすという意識が大切です。1秒で上げ、三秒で下ろすというのが目安です。

下腹に効くことで知られているV字腹筋も、お腹と脚のどちらも近づけるように動かないと腹筋には効かず、大腿直筋のみに効くということになってしまいます。慣れないうちは、一回一回体の動きを確かめ、正しいフォームを身に付けることが非常に大切です。

スクワットは、ひざに大きな負担をかける筋トレですので、フォームには特に注意してください。ポイントはひざの位置。腰を落としたとき、つま先の真上にひざがくるように意識しましょう。運動経験の少ない人だとひざが前に出すぎる傾向にあります。スクワットはひざ関節の曲げ伸ばしと同時に、股関節の曲げ伸ばしの運動ですから、ひざが前に出すぎる曲げ方では、まず効果が期待できません。加えて、ひざに大変な負担がかかってしまいます。

反対に、ひざの位置が後ろすぎると、今度は腰を痛める危険性があります。

つま先の向きは30度から45度くらいに外向きで。足の幅は広めにというのもポイントです。足首が硬くなっている場合は相撲のシコのように広く両足を開き、つま先を60度くらいまで開くと、ひざに負担がかかりません。

曲げるフォームは、ひざの位置に注意しながら、ひざとつま先の向きが同じ方向になるようにすることがポイントです。

ただ、こうした注意事項は各論であり、痛みの出るタイミングも角度も人それぞれです。どこまで言ってもキリがないのですが、**とにかく一回やって痛いと感じたことはしない、やめる。痛くなる動きはしないというのが重要です。**筋トレそのものが目的ではないのですし、無理して健康を損ねてはまったく意味がありません。ただし、筋肉に効くという意味では、しっかり負荷がかかっていないと、これまた意味がありません。

どこの筋肉に効かせる運動なのか、どこの関節に大きな負担がかかりやすいか、この二点を意識しながら、何度も確かめて筋トレの正しいフォームを身に付けてください。

筋トレの正しいフォーム

ウェイトトレーニング

持ち上げるときは反動を使わず、
素早くなめらかに（1秒）

下ろすときはブレーキを
かけながらゆっくりと（3秒）

V字腹筋

胸と脚の両方を近づける感覚で

とくに上半身側の動きが
不足になりがちなので注意

スクワット

腰を落としたとき、
ひざがつま先の
真上にくるように

つま先の向きは
30～45度
くらいの
外向きに

足の幅は広めにとる

筋トレでムキムキになったらどうしよう？

ダイエットをテーマに、このような筋肉を鍛える話をすると、「筋肉ムキムキにはなりたくないのですが……」という不安を口にする女性が少なくありません。

はっきり申し上げておきますが、その心配は無用です。

簡単に筋肉ムキムキにはなりませんし、ましてや筋肉分布が男性と違う女性の体はムキムキにはなりにくいのです。そもそも思春期以降の男性の体と女性の体は、一見して違いますよね。特に上半身の筋肉。男性は女性に比べて、首、肩まわりや腕まわりの筋肉（僧帽筋《そうぼうきん》、三角筋、上腕筋など）が太くなります。一方、下半身の筋肉（大臀筋《だいでんきん》、大腿四頭筋《だいたいしとうきん》、ハムストリングスなど）は男女差があまりありません。

なぜ上半身の筋肉に違いが出るのか。それは男性ホルモンの信号を受け取るタンパク質（レセプター）の量が上半身に多いため、男性ホルモンの影響をより受けやすいからです。男性ホルモンで筋肉が太くなるという特性が、成人女性は弱く、成人男性の場合はきわめて強い。二極化するのです。

その変化が起こるのが思春期。男性は男性ホルモンが、女性は女性ホルモンがたくさん出ますので、ホルモンの影響で首から肩にかけての筋肉系は、見た目にもはっきりとした性差が表れます。

この性差というのは一生続くものです。ですから、女性が限界を超えるほどの努力をしても、男性には追いつかない。オリンピックのアスリートを見ても明らかで、どんなに優れた女性アスリートでもやはり上半身にたくましさはありません。

むしろ自然に成長しきった筋肉系を使って、バランスよく運動をすれば、より女性らしい体型を強調できるといったほうが正しいですし、筋肉を使っていけば自然にそうなります。

女性らしい体型というのは、脂肪がつくるものではなく、骨格とそれに付いている筋肉が形づくるものなのです。

足腰に関しては性差がないので、その気になれば男性よりもたくましい太ももやお尻がつくれます。スピードスケートの選手などがそうですね。ただし、そう簡単ではありません。そもそもスロトレのような脂肪燃焼が目的の筋トレで、簡単に筋肉体型になることはありません。

やりはじめたら筋トレが趣味になって……という場合でも、女性は、そもそも上半身にムキムキになる筋肉系を持ち合わせていませんので、心配には及びません。

もうひとつ、よく受ける質問が年齢の問題です。

確かに、筋肉のピークは30歳前後であり、私たちボディビルダーの競技引退の目安も30歳前後といわれています。20歳前から鍛え続けると、30歳過ぎには確かにもう太くする筋肉はほとんど残っていません。しかし、これは若いときから始めたボディビルダーの話。50歳以降にトレーニングを始め、60歳を過ぎてからチャンピオンになったというボディビルダーもいるのです。

ですから、筋肉を鍛えるのに年齢は関係ありません。ご安心ください。

筋トレをすれば即、代謝の高い状態に！

「筋肉の大切さはわかったし、筋トレ効果もわかったけど、はっきり効果が出るのが三カ月後では……」

そんな声が根強いようです。

測定はできなくても筋肉の増大効果は一カ月後には表れはじめます、と言っても、「やっぱり一カ月はかかるんですよね」と力のない声が返ってくることもしばしば。

確かに、筋トレとは無縁だった方にとって、週2回というのはとっつきがよくても、効果は一カ月後となれば、そこまで続くだろうか、と弱気になるのも無理はありません。

しかし、もし「筋トレすれば即、代謝が上がった状態になる」としたらどうでしょうか。

じつは、筋トレをすれば、即、代謝は上がるのです。筋肉が付くのは確かに少なくとも一カ月後以降になり、筋肉量が増えたことで期待できる代謝の増加も一カ月後以降なのですが、筋肉をよく動かすような運動をすると、その後、しばらくは体が代謝の高い状態になります。

筋トレの後は代謝の高い状態になる、その状態が続くのです。

筋肉量が増えたわけでもないのに、なぜそんなことが起こるのか。それは、動かしたことで筋肉に負荷がかかり、その負荷によるストレスを修復しようとする機能が体の中で働くからです。

この働きには、アドレナリンの存在が見逃せません。筋トレ後に副腎から分泌されるアドレナリンが脂肪組織に働きかけ、その分解を促進します。

流れとしては次のようになります。

筋肉を動かすと交感神経が活性化する。するとアドレナリンが分泌されて、脂肪の分解を促進する。結果、代謝を高めてくれる、というわけです。

さらに特筆すべきなのが成長ホルモンです。うまく筋肉を刺激すると、成長ホルモンというものが筋肉から分泌されます。**アドレナリンよりも、何倍も強く脂肪を分解する作用を持**

っており、最強のホルモンと言っていいでしょう。

成長ホルモンの分泌こそが、ダイエットのために筋トレを勧める最大の理由です。筋トレすれば、エネルギーの最大消費者である筋肉が増え、将来的には基礎代謝を増やしてくれますが、それだけでは速効性はゼロ。筋トレ自体は無酸素運動で一切、脂肪を消費しないのですから。

しかし、最強の脂肪分解ホルモンである成長ホルモンを大量に分泌してくれます。筋トレによって脂肪は消費されませんが、分解はどんどん進むのです。

ですから、成長ホルモンが分泌して、脂肪が分解された後に、それを消費するための活動量を上げれば、効率よく脂肪が使われることになります。血液中にグリセロールと脂肪酸が放出されている段階で、それを燃焼させる有酸素運動をおこなうのです。

筋トレ後の有酸素運動。これは今や、新しいダイエットの常識なのです。

[5時限目]

THE FIFTH PERIOD

ダイエットの新しい常識

〈筋トレ→有酸素運動〉この順番が重要

脂肪を燃やすための運動をしたいとなれば、有酸素運動をするしかありません。体重減を目的にフィットネスクラブに行けば、有酸素運動を指導されるのは当然のこと。教科書的にはそれしかないのですから。

しかし、有酸素運動の後に筋トレをしても、成長ホルモンはほとんど分泌されません。少なくとも成長ホルモンなどの力を利用して体脂肪を燃焼しようという戦略ならば、まずは、その分泌を促すことです。

筋トレをして成長ホルモンやアドレナリンの分泌を促し（体脂肪を分解し）、分解され血中を流れる脂肪酸を有酸素運動によって燃焼するという「順番」が重要になります。

そもそも、これらのホルモンはあくまで脂肪を分解するだけで、燃焼するわけではありません。体脂肪をグリセロールと脂肪酸にして血液中に放出するだけです。これをエネルギー源として使って、はじめて脂肪の消費は完結するわけです。ですから、運動で脂肪を燃やすには、事前に筋トレをして体脂肪を分解してから、有酸素運動で燃焼するという方法が最も効率がいいということになります。

さて今度は、筋トレ後、どのくらいの時間をおいてから有酸素運動をおこなうべきかという問題です。私たちが実際におこなった実験とその結果から検証してみましょう。

運動している最中にどんどん採血をして、呼吸ガスの分析をし、どのくらい脂肪が使われているのかを測った実験です。比較したのは次の三つのパターン。

①60パーセント最大酸素摂取量の自転車こぎ（有酸素運動）を六〇分しただけの場合
②筋トレ後二〇分休憩をして、その後六〇分の自転車こぎをおこなった場合
③筋トレをして一二〇分休憩した後に、六〇分の自転車こぎをおこなった場合

筋トレ後、成長ホルモンは一気に放出されますが、その脂肪分解の効果は遅く、二時間後くらいがピークということがわかっていました。ですから、③の一二〇分休憩した後の自転車こぎ運動がいちばん脂肪を燃焼しているはずだという予測を立てていました。

まず、自転車こぎをやっているときの脂質の代謝——脂肪がどれだけ燃えているのかは、筋トレ後の②と③のパターンが、①に比べてはるかに高い数値を示しました。やはり、筋トレ後の脂肪燃焼効果は高いのです。ところが、休憩時間で比べると、二〇分の場合（②）のほうが一二〇分の場合（③）より効果は高かったのです。

この結果は、成長ホルモンの分泌の個人差によるものかもしれません。筋トレでうまく分泌できる人と、そうでない人の差が大きいのです。それに比べ、副腎から分泌されるアドレナリンの量はほとんど個人差がない。しかもアドレナリンの脂肪分解作用は早く、その分泌直後から脂肪の分解が始まります。体脂肪が分解されはじめるのは、運動を始めて一五分後。しかも筋トレは、有酸素運動に比べてアドレナリンの分泌量が多いのです。

つまり、筋トレをやっている最中に、すでにアドレナリンがたくさん分泌されている。筋トレが終わって二〇分後には、アドレナリンによる脂肪の分解がピークに達しています。そのタイミングでの有酸素運動ですから、この分解した脂肪を今すぐ使ってくれ！　とスタンバイしている状態だったということです。

覚えておいていただきたいのは、アドレナリンと成長ホルモンの分泌の量的な特徴です。アドレナリンは運動習慣がない人ほど多く分泌し、成長ホルモンは運動習慣がない人はあまり分泌しないという特徴があるのです。アドレナリンは運動習慣が身に付いてくると分泌量が落ちてきます。しかし、成長ホルモンは逆に、運動習慣が身に付くとたくさん出るようになる。ですから、**成長ホルモンの恩恵に授かりたいと思うのなら、ぜひとも運動習慣を、**ということになるのです。

成長ホルモンがしっかり分泌されれば、筋トレ後、長い時間休憩をとっても、体脂肪は分解され続け、その効果は六時間後まで続きます。

一方で、あまり運動習慣のない人でも、筋トレ後の有酸素運動で確実な効果を狙おうという場合、二〇分の休憩後に有酸素運動をすれば、どんな人でも相乗効果の恩恵を得ることができるということです。

一日の始まりに、一五分の筋トレを

運動習慣の有無や生活習慣にもよるので、これというお勧めのメニューは一概にはいえないのですが、ごく一般的な例として、次のメニューを私は推奨しています。

適度な負荷がないと筋トレ効果はありませんし、成長ホルモン、アドレナリンなどの分泌も期待できません。ですから、その前に、「足踏み」などで全身の血液循環をよくし、筋肉を温める準備運動をしなければなりません。ただの足踏みでもけっこうですが、できれば、太ももが床と水平になるくらいまで上げ、しかも、一回一回をゆっくりおこなうと効果的です。

理想は、太ももが水平になった状態で一秒静止。こうした準備運動をとりあえず一分程度おこなってください。

通常、準備運動には一〇分程度はかけるべきなのですが、軽い筋トレ前に体を温めるのが目的ですから、この程度でもいいでしょう。

そのあとに筋トレです。できれば合計、一五分ぐらいはかけてください。同じ筋肉を鍛えるなら週に2、3回まで。毎日おこなう場合は、違う筋肉を使うトレーニングにしましょう。

朝、一五分の筋トレ習慣は、筋肉を増強して基礎代謝量を増やすという意味でも、その後の一日の活動代謝量を増やすという意味でも、非常に有効です。

ただ、しんどくないトレーニングではまったく意味がありません。楽に感じる場合は負荷を上げなければなりませんが、多くの場合、フォームが間違っていることがまず考えられます。よって、フォームの確認をしっかりしていただきたいと思います。

そして、二〇分休憩してから有酸素運動です。50パーセント最大酸素摂取量の運動で、コマ切れでもいいのでより長くが理想です。

時間がない人は、その後の一日の生活を少しでも活動的に、というのでも十分です。効率だけでいうなら、二〇分の休憩後（遅くとも六時間以内に）、できるだけ多くの有酸素運動をということになりますが、さらに効率よくとなれば、食事にも気を使いたいところです。

15 分の筋トレが効く！

① **準備運動**

足踏みなどで全身の血液循環を高め、
筋肉を温める。
太ももを床と水平になるくらいまで上げ、
1 秒停止してから下ろす。
一回一回ゆっくりと 1 分程度おこなう。

↓

② **15 分の筋トレ**

10 回前後やっと繰り返せるくらいの強度で
「8～10 回 ×3 セット」をおこなう。（週に 2～3 回）

↓

③ **20 分休憩**

↓

④ **有酸素運動**
（ジョギングなど）

50％最大酸素摂取量程度の運動で、
より長い時間おこなうのが理想。
筋トレ後 6 時間以内なら相乗効果が望める。

食事制限は継続第一
筋トレはやめてもＯＫ

食事の考え方は、体脂肪を減らしながらも筋肉は減らさずに、でした。

脳が飢餓状態と判断しないよう、糖質を極端に減らすことはご法度であり、筋肉のためには良質のタンパク質も不可欠――。

そして何より、続けられる範囲の食事制限が大切です。食事制限だけで保っている平衡状態は、それを破れば一気に崩壊してしまうからです。

より早い効果を求める場合、サプリメントの力も借りて、ということになるのでしょうが、基本的には自然の食事でまかなうのが理想です。どうしても足りなくなる部分のみをサプリメントで補う程度にしていただきたいのですが、それでもせっかく摂るなら、効果的なタイミングを意識しましょう。

ＢＣＡＡにしろ、プロテインにしろ、その昔は、トレーニング後三〇分以内に、といわれていました。いわばサプリメント摂取の常識でしたが、**最近は二時間後でも効果は変わらないという研究報告が出てきています**。どうやらコマーシャリズムに乗せられていただけというのが実態のようです。汗にまみれたままチューチューとプロテインを吸うといったところまでは必要なく、実際はシャワーを浴び、着替えて、さっぱりした後でも十分です。

ただし、筋トレをやった後、なるべくすみやかに摂るのが好ましいのは確かです。

サプリメントに頼らないで、より良質のタンパク質を吸収したいとすると、乳製品を意識的に多めに摂るのがいいですね。これもトレーニング後、二時間以内が好ましいということになります。

肉、魚などタンパク質の多いとされる食べ物でもいいのでは、と思われるかもしれませんが、１００グラムのステーキを食べても、そのうちタンパク質は15グラムくらいで、あとは脂質です。赤身の多いものでも20グラム程度ですから、特段の効果は期待できません。

それより、やはり食事でカロリーを調整しようという考え方のほうが問題です。いつしか、サプリメントなしでは平衡が保てなくなってしまう可能性さえあります。**とにかく食事の制限は、無理なく、長く、習慣として続けられる範囲で。これが鉄則です。**

対して、筋トレは、意外なくらいそうではないのです。もちろん、続けなければ筋力は落ち、筋肉量も減っていきます。しかし、トレーニングの効果を、しばらくの間〝筋肉は記憶する〟のです。三カ月の筋トレでそれなりの筋肉増強効果があっても、そこでやめてしまえば筋肉はやがて萎縮し、元通りになってしまいます。**ところが、一度鍛えて増強したという記憶、痕跡があるので、次は比較的すみやかに筋肉増強が図れます。**

筋肉を増やすには、筋線維を太くするか、筋線維内の核数を増やすしかありません。そして、一度増えた核数は、萎縮しても、すぐには減らないのです。

4時限目で、筋トレも食事制限と同じで、続けられないものは意味がないと述べましたが、正確には意味はあるのです。ですから、途中で続けられなくなっても、また再開すればよいという気持ちで、とにかく三カ月、週に2回の筋トレを始めてみることをお勧めいたします。

目的を見失って無理してはいけない

しかし、筋トレそのものが目的ではないということを絶対に忘れてはいけません。皆さんにとっては、ダイエットという目的があって、そのための筋トレなのです。

筋肉を増やすことで脂肪を燃焼させやすくする。より健康になる。太らない体質をつくる。筋力を高めることで、日常生活の質を高めるといったことが最優先事項だと思います。

脂肪を落としていくという明確な目的がある皆さんの場合は、体重を落とすのではなく、〝脂肪を減らすのだ！〟と、より具体的に目的を思い描いてください。ここまで本書を読んできた皆さんなら、あとはどうすればいいのか、わかるはずです。

食べすぎだから今日は昼食抜きとか、運動不足だから筋トレでもしてみようかというのでは、意味がありませんし、長続きもしません。

時間が余ったから筋トレでもするか、では全然ダメなのです。

トータルで考える。時間をかけて着実に脂肪を落としていくことを考える。脂肪の付きにくい体にすることを考える。それが目的です。

目的を持つと、次に目標が必要になってきます。一カ月で体重2キログラム減、そして体脂肪率5パーセント減というようなものでなくても、スクワットが30回で3セットできるようになる、といったものでもいい。一日1万歩でもいいのです。簡単に達成可能なものよりほんの少し上の目標を設定し、まずはそのゴールに向かって進んでいきましょう。

クリアしたら次の目標を設定する。これをくり返していきます。アスリートも一般の人も同じです。小さな目標を立て、それをクリアしていくという楽しみがないと、やはり途中でドロップアウトしてしまうことになります。

筋トレがいいのは、具体的な数値として、重さとか回数などでわかりやすい目標を設定できるところです。それを生かして具体的な目標を設定する。ただし、これをやり続けると、また目的を見失ってしまうこともありますので注意が必要です。どんなに面白くなってきても、筋トレそのものが目的ではないのです。

筋トレは、アスリートにとっても、やはり目的ではなく手段でしかありません。皆さんにとっても、あくまでダイエットのためのひとつの手段です。それを見失わなければ、筋トレそのもので怪我をするとか、健康を損ねるようなことはありません。無理なトレーニングをしないのは当たり前で、量も強度も、相応なさじ加減を選べるようになります。

また、ダイエットの目的は、人によって違うはずです。**もし、あなたが、今すぐにでも体重を落とさなければ健康を損ねる危険性大という状態なら、何はともあれ食事制限。そして、有酸素運動です**。

すでにメタボ状態にあり、糖尿病、脂質異常症、動脈硬化などの危険性が高い人は、基礎代謝増などと、悠長なことは言っていられません。食事制限と有酸素運動によって、危険な状態をいち早く脱する必要があります。

ただ、その際の有酸素運動も、筋トレの二〇分後におこなえば、アドレナリンの作用で、より効率が上がるということですね。より早く、体脂肪を消費する目的のための筋トレなのです。

危険な状態をとりあえず脱したとき、筋トレによって筋肉が増強されていれば基礎代謝が上がり、以前より体脂肪が溜まりにくい体になっているはずです。そうなれば、そこからさらに体脂肪が溜まりにくい体にしていくことが、次の目的になってきます。

目標が立てやすいダイエットは、やりはじめると楽しくなってくるという部分が問題です。なぜ問題なのか……。たとえば、それなりに太っている人は、どんな方法であっても「初期ボーナス」なるものがあってやせやすいものです。そこまではいいのですが、体重減という目に見える喜びが、「さらに」「もっと」と減量スピードを加速させるべく体に無理をさせてしまう。ダイエット愛好者がしばしば陥る落とし穴です。目標が目的を見失わせるのです。

無理を重ねた食事制限……。続かない有酸素運動……。やがて危うい平衡状態が訪れ、あとは太るか、健康を害するかだけ、という状態になってしまいます。

じつはもう少し深く考えると、目的はダイエットそのものでもないはずです。**体質改善、健康、美容、生活の質の高まり、そういったものを得るための手段にすぎないのだと、冷静に向き合うことが大切です。**

お腹を引っ込める三〇秒トレーニング

「ダイエットの目的は？」と尋ねると、「お腹を引っ込めたいんです」と恥ずかしそうにおっしゃる方がとても多いので、最後の最後に、その特効薬をひとつお教えしましょう。

ギューッとお腹を引っ込めてください。

それだけです。嘘ではありません。それだけでお腹が引っ込むようになります。

お腹の筋肉は、表層に「腹直筋《ふくちょっきん》」「外腹斜筋《がいふくしゃきん》」、その下に「内腹斜筋《ないふくしゃきん》」があり、いちばん奥に「腹横筋《ふくおうきん》」があります。お腹の内部は腹腔《ふくこう》という空洞ですので、この腹横筋が絶えず働いていれば内臓も正しい位置におさまり、お腹が引っ込んだ状態になるわけですが、深層の筋肉ですからなかなか刺激できません。

おヘソを背中にくっつけるように引っ込ませておいて、この状態をキープする。**最低三〇秒**。ベルトの穴がひとつ減っている状態をキープします。

ギューッとなっている間、腹直筋、外腹斜筋、内腹斜筋が腹巻きやコルセットのように縮まるわけですが、いちばん奥の腹横筋も働き続けます。**これを私たちは「ドローイン」と呼んでいます**。

まずはそれを三〇秒から始めましょうということでいいのですが、ボディビルダーは、考えなくても日常からこれをしています。だから、お腹が出ていないのです。

専門的には、もっと強度の高いドローインがあります。「バキューム」というものも紹介しておきましょう。息を吐いた状態で、お腹を真空にするようイメージして凹ませるのです。

そこまではなかなか普通の人にはできませんが、とにかくドローインを三〇秒キープする行為をくり返すことによって、お腹が出ない状態を早期につくることができます。

意識としてはお腹を凹ませているだけですが、背筋を伸ばさないとできませんから、じつは背中の筋肉も使うわけです。したがって姿勢もよくなります。便秘気味の人はそれも解消されるかもしれません。

さらに、ドローインで背筋をピンと伸ばしていると、そのぶんの筋肉のエネルギー消費が上乗せになります。姿勢を維持するために活動している筋肉もあるのです。その筋肉の活動部分などが基礎代謝に上乗せされ、基礎代謝の20パーセント増しくらいの数字になることもあります。

週に2回の筋トレおよびその日の有酸素運動と一緒に、ドローインもぜひ試してみてください。「お腹が引っ込んだね」などといわれると、ダイエットのモチベーションも上がるものです。

あとがき

本書は『太らない教室』というタイトルからもわかるように、ダイエットの理論をシンプルに解説した内容になっています。ダイエットというと、いまだに若い女性のためのものであるかのように受け取られているケースが多いのですが、だからこそ、できるだけ中年男性を意識して書き進めてきました。

正しいダイエットを本当に必要としているのは、若い女性ではなく、むしろ中年以降の男性層だというのは、統計からも明白な現実だからです。生活習慣病の罹患率などを見てみても、そのことは重い真実を含んでいると言っていいでしょう。

ダイエットは性別や世代を問わず、多くの人にとって関心の高いテーマです。〝見た目をよくするため〟という単純な理由からだけでなく、〝健康に、安心して生きていける体を維持するため〟に、ダイエットをしたいとたくさんの人が願っています。

ならば、若い女性をはじめ非常に多くの人々が思い違いをしているダイエットの「いろは」について、噛み砕いてご説明することには大きな意味があるのではと考え、このたび筆をとりました。

また、長年ダイエットというものを自分とは縁遠い世界のように感じていて、これまで積極的な関心を持ったことがなく、知識自体が不足している人々に対しても、そうした考えが一新するくらいのお話ができたら、と心を尽くして書いてきたつもりです。

ここに、日本人女性の集団を対象としたある追跡調査があります。22歳から27歳までの五年間で、体の組成がどう変化するかを調べた研究結果です。体重でいうと、平均で2キログラム落ちていました。意外ですか？　しかし、それより内容的に興味深いのは、筋肉量が5キログラム減っていて、体脂肪は3キログラム増えていることです。

表面上は2キログラム落ち、やせているのですが、本人たちの目から見ても、何かおかしいと感じるようです。すなわち確かに体重は減っているのに、体型は崩れてきている、と。筋肉が5キログラムも減ってしまえば、そうなるのは当たり前です。ですが、なかなかそこには気づかない。知識不足もありますが、最大の原因ははっきりしています。

学校を卒業して社会人になったことで、活動量（消費エネルギー量）が減ってきた——。まずそこに原因があります。

太り気味だからと、いろいろなダイエットを試みるわけですが、何かを

〝引く〟ダイエットばかり。必要な栄養を摂らなかったり、カロリーを極端に減らすせいで、筋肉がガクンと減ってしまいます。そうやって、見事なまでに代謝の悪い体を完成させてしまった、というわけですね。

これは若い女性に限った極端な例ではなく、男性にも同じように当てはまる事柄ですから、笑ってはいられません。

「30歳以降、筋肉は誰でも減っていきますよ」

私は事あるごとに、そう言っています。

しかし最近の様子では、30歳になる前から、すでに筋肉がかなり減少している日本人が増えてきているようです。それでも、まだ若いうちは筋肉を比較的はやく元に戻すことは可能です。

では、条件が厳しいのはどんな人なのか……といえば、もうおわかりですね。そう、30代後半から40代以降のいわゆる中年以降の層なのです。

こうした人たちこそ、しっかり筋肉の量を維持、増強しながら脂肪を減らす努力を意識的にしなければなりません。筋肉が維持できてこそ、脂肪の付きにくい体になれます。

問題は体重が〝減った、減らない〟ではなく、体の中身、すなわち体脂肪がどうなったか、なのです。

日々の暮らしの中で、頭の中に不安や疑問が浮かんできたら、本書を何度でも読み返してください。きっと何らかのヒントが見つかるはずです。

本書を通じて、ダイエットに対する正しい理解が少しでも深まり、それがあなたの健康維持、増進に役立つことができるならば、これ以上の幸せはありません。

石井直方

石井直方　NAOKATA ISHII

1955 年、東京生まれ。東京大学理学部を経て同大学院博士課程修了。87年、日本学術振興会特定国派遣研究者としてオックスフォード大学生理学教室に留学。現在、東京大学大学院総合文化研究科教授（広域科学専攻・生命環境科学系）。専門は身体運動科学、筋生理学。全日本学生ボディビルダー選手権で優勝した後、ミスター日本優勝（2回）、ミスターアジア優勝、ボディビル世界選手権3位など、幾多の輝かしい栄冠を手にする。近年、テレビ番組をはじめさまざまな新聞、雑誌などで、筋肉とトレーニングの観点から、独自の理論で体脂肪を減少させるトレーニング方法などを紹介。目から鱗が落ちるような至極まっとうな理屈を、ポイントをおさえながら分かりやすく解説するスタイルが世の大きな注目を集めている。『スロトレ』『体脂肪が落ちるトレーニング』（高橋書店）、『一生太らない体のつくり方』（エクスナレッジ）他、著書多数。

企画・構成　内原栄司（ユー・ポイント）
図表　Malpu Design
撮影　奥田一紀
編集協力　前田沙苗

太らない教室
正しいダイエットを知るための“やさしい科学”

2009年10月20日　第1刷

著者　石井直方
発行者　田村隆英
発行所　情報センター出版局　EVIDENCE CORPORATION
東京都新宿区四谷2-1四谷ビル　〒160-0004
電話：03(3358)0231　振替：00140-4-46236
URL http://www.4jc.co.jp
印刷　中央精版印刷株式会社
編集　高尾 豪

　ISBN978-4-7958-5032-3

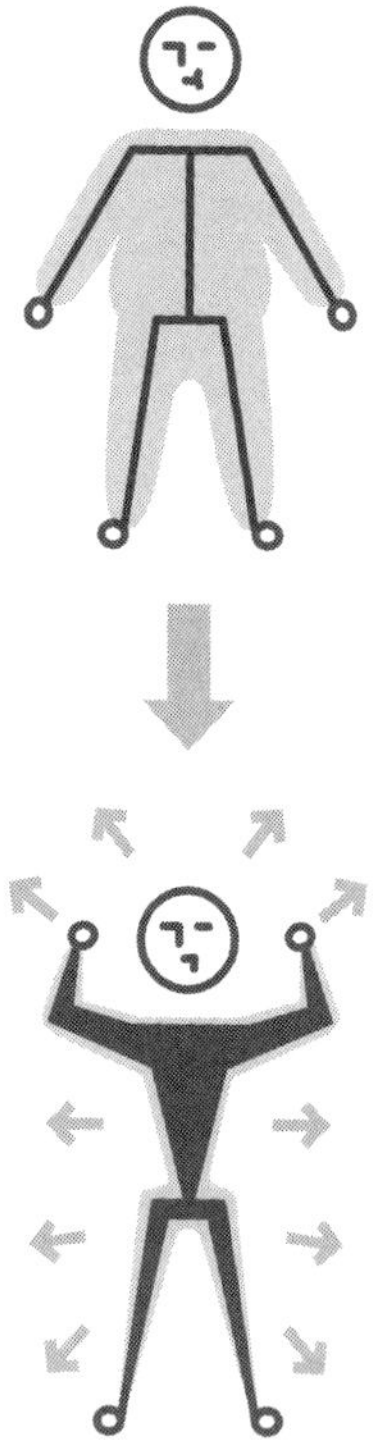

THE TRUE
SCIENCE OF
“DIET”